# Svistulkin
# Gutta-Percha Boy

**Dmitry Grigorovich**

# Свистулькин
# Гуттаперчевый мальчик

Дмитрий В. Григорович

**Svistulkin; Gutta-Percha Boy**

ISNB: 978-1-60444-901-3

**Свистулькин** . **Гуттаперчевый мальчик**

© Индоевропейских Издание , 2018


ISNB: 978-1-60444-901-3

# СВИСТУЛЬКИН

## I

*Поверхностные наблюдения*

С некоторых пор на Невском проспекте стал показываться один молодой человек, совершенно никому не известный. А так как нет возможности показаться на Невском несколько раз сряду, чтобы не быть замеченным привычными посетителями этой замечательной улицы, то, естественным образом, и молодой человек был замечен. В наружности его и приемах не было ничего особенно резко бросающегося в глаза; одно разве: он поминутно оглядывал свои сапоги и перчатки и вообще казался очень довольным своею физиономиею и туалетом - очевидно, однакож, приобретенным по случаю и в разные сроки. Но это ничего не значит. Уже довольно было явиться новому лицу, чтобы возбудить внимание. Последнее обстоятельство покажется странным и даже в некоторой степени невероятным провинциальному жителю; мудреного нет: усердно перечитывая петербургские фельетоны и по ним составляя себе понятие о Петербурге, легко оставаться в заблуждении касательно этого города. "Как! - воскликнет читатель фельетонов. - Как! И посреди этого "шумно волнующегося моря голов", в этом "пестром цветнике, движущемся от Полицейского моста до Аничкина!" - в этом "великолепном каскаде, составленном из нескольких тысяч шляпок, шалей, бантов, галстуков, хорошеньких личек, жилетов и бакенов?" - и вы хотите, чтобы посреди всего этого можно было заметить новое лицо, и притом лицо, не имеющее в себе ничего особенного! Да это просто невозможно - это явная нелепица!.." Все это приводит меня только к заключению, что вы незнакомы с Петербургом или, по крайней мере, знаете его по одним фельетонам. Я вообще как-то не склонен к фантастическому и потому никак не могу сравнить гуляющих по Невскому с океаном, клубящим свои атласные, бархатные и шляпные волны. Не знаю, как это делается, но мне казалось всегда, как будто весь люд, гуляющий по Невскому проспекту, составлен неизменно из одних и тех же лиц, - право, так. Сколько раз случалось расставаться с Петербургом, и расставаться надолго. Приезжаешь назад, выходишь на Невский - и поверите ли? - заранее знаешь, кого встретишь, и даже на каком месте. Не знаю, как с другими, но со мною вот что постоянно происходит: едва повертываешь из

Караванной, тотчас же и наталкиваешься на господина с желчной физиономией, портфелем подмышкой и руками, глубоко запрятанными в карманы; не знаешь, разумеется, кто он и откуда, хотя радуешься ему, как приятелю, - и он, кажется, узнал вас и улыбнулся; далее попадается высокая статная дама с орлиным носом, величавою поступью, дама с мохнатой желтой муфтой и такими бровями, какие встречаются на портретах персидских шахов; следом за нею выступает кругленький, гладко остриженный толстяк с добродушной улыбкой на добродушном лице: фамилия его и занятия вам незнакомы, но вы давно уже прозвали его "именинником", и вам приятно его встретить на своем месте. "Боже! Как поседел этот старичок! - думаете вы, покачивая головою и следя глазами за новым знакомым-незнакомцем, который, припадая с ноги на ногу и склонив кудрявую седую голову к плечу, проплелся мимо. - Уж не случилось ли с ним несчастия в мое отсутствие?.. Болезнь, может быть?.. Паралич?.." И снова новые встречи, и т. д. до бесконечности, или, вернее, до Полицейского моста. Но вы еще не досчитались: вам как словно недостает кого-то... вы заботливо начинаете перебирать в памяти знакомые лица... Точно, недостает старичка, постоянно, лет десять, прогуливающегося с двумя пожилыми дочками в розовых шляпках. "Неужто он умер?" - думаете вы, и сердце ваше сжимается. Но опасения ваши неосновательны: как раз против Большой Морской вы сталкиваетесь с почтенным старцем и его пожилыми дочками в розовых шляпках, и они вас узнали; едва вы прошли дальше, они пригнулись друг к другу, как бы беседуя о долгом вашем отсутствии и благополучном возвращении. Кому знаком Невский проспект и его публика, тот, верно, испытывал то же самое. В этих встречах, поверьте, есть даже что-то трогательное, умиляющее душу и невольно заставляющее верить в привязанность и память сердца. Что ж мудреного, после всего сказанного, если появление нового, незнакомого лица заинтересовало привычных посетителей тротуара солнечной стороны?

Наружность его, как я уже заметил, ничем уже не отличалась; она была непривлекательна - вот и все. Никто не удивится после этого, если он старался придать ей некоторую приятность; но выходило всегда, что чем больше стремился он к такой цели, тем меньше достигал ее. Ступив на тротуар Невского проспекта, он выпрямлял спину и голову, проявлял на бледноватом лице улыбку, покачивался раза два корпусом, как бы для пробы, и, наконец, смешивался с гуляющими. Во все время прогулки он не переставал покачиваться, постоянно держал правую руку и крючок тросточки в правом кармане пальто и кивал глазами направо и налево с самым рассеянным, беспечным видом. Но как только издали показывались дамы, он замедлял шаг; за десять шагов до встречи тускло-голубоватые глаза его, окруженные красными веками, - он, как узнал я

2

впоследствии, мыл их мылом каждый день по нескольку раз, в том убеждении, что от этого они приобретают особенный блеск и свежесть, - глаза его начинали постепенно суживаться, а в минуту самой встречи делались чрезвычайно похожими на глаза умирающего теленка: вся его фигура принимала тогда необычайное сходство с вертлявой фигуркой английской левретки, прыгающей на задних лапках. Лицо его, напротив, делалось чрезвычайно серьезным и даже строгим при встречах с особами мужского пола; выражение строгости смягчалось не иначе, как когда встретившийся мужчина принадлежал к высшему обществу, носил громкое имя или одевался с особенною изысканностью.

Он приходил на Невский регулярно каждый день в два часа и пробывал здесь до пяти включительно; иногда являлся даже по вечерам; из этого я смело заключил, что он не был ни приказчиком из модного магазина, ни комедиантом, ни парикмахером; не мог он также служить в конторе - словом, был без должности. Мне никогда не приходилось видеть его с приятелем или вступающим в разговор с кем бы то ни было; он часто, однакож, раскланивался с дамами, проезжавшими в каретах, хотя дамы эти никогда не отвечали ему на поклон и казались скорее удивленными, чем обрадованными таким изъявлением учтивости; легко было догадаться, что круг его знакомства довольно тесен. Время свое проводил он очень однообразно: сделав один конец по Невскому, он становился на верхнюю ступень при входе в Пассаж и, закинув правую ногу за левую, стоял таким образом минут пять; потом делал новый конец и снова возвращался на ступеньки Пассажа; но, как мне казалось, все это происходило в тех только случаях, когда у него были новые сапоги и он мог похвастать ими с высоты пассажных ступеней: в других случаях он не покидал тротуара и, сколько мог я высмотреть, вид его был тогда как-то раздражительно-грустен.

Жилеты свои менял он часто, но часовая цепочка оставалась неизменно одна и та же; сам не знаю почему, но цепочка эта с некоторых пор стала казаться мне подозрительною; раз я подошел к нему и попросил сказать, который час; он торопливо отвернулся в другую сторону и сделал вид, как будто ничего не слышит; я снова повторил вопрос; "извините... - отвечал он с сожалением, сквозь которое проглянуло явное неудовольствие, - извините, часы мои остановились..." и быстрыми шагами пошел вперед. Что ж мне оставалось делать, посудите сами? что ж оставалось делать, если не пожалеть об отсутствии часов в кармане молодого человека? Я никогда не видал его в галошах и постоянно изумлялся искусству, с каким переходил он грязную улицу; он вывертывал как-то особенно ноги и ставил их с неподражаемою ловкостью в следы прошедших прежде него людей; в крайних случаях, когда грязь или мокрый снег лежали сплошною массою, он отчаянно со

3

всех ног кидался вперед, разбивал подошвами грязь - и выходил всегда на тротуар с чистыми почти сапогами. Трогательно было видеть, как обходился он с своей шляпой: он никогда не прикасался пальцами к передней части борта, но всегда приподымал ее, взявшись за боковые края; публичные увеселения, как то выставки и концерты, где при входе снимают шляпы, которые при выходе оказываются превращенными в блин, редко посещались молодым человеком. Шляпные эти эпизоды более важны, чем думают; все части туалета, начиная с сапог, жилетов, галстуков и кончая завивкой, часто обманывают нас касательно финансового состояния их владельца: шляпа, заметьте, никогда не обманет; шляпа единственный предмет мужского туалета, который нельзя взять в долг; он покупается не иначе, как на чистые деньги. Внимательность к шляпе естественным образом привела меня к мысли, что молодой человек далеко не в блестящем положении; вскоре явились еще и другие подтверждения такой мысли.

Я сам был когда-то беден, и с тех пор у меня остался особенный такт узнавать бедняка под самой джентльменской оболочкой: шармеровское пальто, гордая осанка, щегольская карета, изящная небрежность приемов меня не озадачивают. Скажу более: на меня слабо действуют даже некоторые люди, разъезжающие на кровных рысаках и в собственных каретах; я остаюсь равнодушным к таким зрелищам; но потому, может быть, что знавал владетелей рысаков и карет, которые кругом были должны своему кучеру и камердинеру. Они, разумеется, не занимают денег - нет: кто ж унизится до того, чтобы просить взаймы у слуги или кучера! Они задерживают только их жалованье, а иногда вовсе даже не отдают его. Самые неуловимые признаки бедности, самые тонкие маневры, пускаемые в ход, чтобы скрыть эти признаки, известны мне в совершенстве; чутьем своим я вижу рожки жалкой улитки там, где часто другие видят одну блистательную, переливающуюся всеми цветами раковину; бедность имеет свои приемы, свои движения, свои знаки, которых ничем не скроешь, которых нет даже надобности скрывать, по-моему; но не все философы! Для многих неудобная сторона бедности заключается в том именно, что ее трудно скрыть.

Несмотря на разные приемы нашего молодого человека, несмотря на его новое пальто, жилет, часовую цепочку и лаковые ботинки, я тотчас же догадался, в чем дело. Воображение мигом перенесло меня в его квартиру.

Передо мной предстала тесная комната в пятом этаже, отдаваемая от жильцов, - комната, выкрашенная серо-молочной краской, украшенная сосновою кроватью, издающею скрип при первом прикосновении, двумя стульями с Апраксина двора и окном с форточкой; в углу комод; нет в нем ни простынь, ни наволочек, но тщательно уложены три миткалевые рубашки с передами, воротничками, нарукавниками - словом, всеми теми частями, которые видны, - из тончайшего голландского полотна; тут же, в соседнем ящике, находился пиджак: в одном кармане пиджака тонкий и чистый носовой платок, в другом - подобие тряпки: последняя служит для стирания пыли с сапогов - украдкою, разумеется, когда готовишься повернуть на Невский. Хотя молодой человек в моем присутствии обнаруживал очевидное отвращение к дыму Жуковского табаку и курил одни благовонные папиросы, но я отсюда вижу на окне его табачный пепел и коротенькую трубку самого жалкого свойства; на столе возвышается небольшое складное зеркальце - частый свидетель, это не подлежит сомнению, отчаянно свирепых выходок своего владельца в минуты неудачного наверчивания галстучного банта, что составляет, как известно, камень преткновения каждого щеголя; тут же завивальные щипцы, бронзовое кольцо в виде змеи - в то время такие кольца были в большом ходу; банки с помадой, пудра в аптекарской коробочке и роговой гребень... Роговой гребень!.. Но что за беда! Ведь гребень не привешивается к петличке пальто во время прогулки, он может быть из чего угодно - лишь бы хорошо расчесывал волосы. Действием воображения переношу, наконец, и самого молодого человека в его комнату: вижу, с какою тревожною заботливостью осматривает он воротник своего пальто, подошвы и кожу своих ботинок; боязливо оглянувшись кругом, он вынимает из кармана булку и, отправив корку в рот, начинает чистить мякотью перчатки; во время этой операции часто смотрит он в зеркало, ласково прищуривает глаза и с ужасом откидывается назад каждый раз, как чудится ему прыщик на носу или пятно на лице. Окончив дело, он торопливо выпивает стакан холодного чаю, оставленный в его отсутствие хозяйкой, жадно доедает булку, и снова одевается, и снова покидает комнату, в которой остается тогда ровно на два гроша имущества. Все это, как оказалось впоследствии, было совершенно справедливо.

В четыре часа пополудни, когда публика на Невском начинает редеть, наш молодой человек входил обыкновенно в кафе Пассажа. Если мало было посетителей, он спрашивал всегда порцию макарон и съедал при этом такое множество хлеба, которое служило несомненным доказательством, что макароны были лишь предлогом и спрашивались с единственною целью - съесть как можно больше хлеба. Если ж много было посетителей, он ограничивался двумя пирожками и съедал их медленно, как бы от нечего делать. В пять часов являлся он в одном из лучших кафе-ресторанов, располагался в креслах, углублялся в чтение карты и говорил человеку: "Нет... что-то не хочется есть... подожду немного..." И в ожидании спрашивал чашку кофе. Если представлялась возможность завладеть хлебом на соседнем приборе, он завладевал им; если же нет, то довольствовался своим кофе. Замечено было однакож, что

5

в последнем случае он дольше останавливался на ступеньках при выходе из кафе-ресторана, вынимал из жилетного кармана зубочистку и долго чистил зубы.

Когда погода была скверная, он из кафе-ресторана прямо направлялся в кафе Пассажа, но уже ничего не съедал: в это время в кафе мало посетителей и есть решительно не для кого. Он садился к окну и принимался читать газеты. Чтение это, нужно заметить, было совсем особенного рода: политика, фельетоны, заграничные известия - все это нисколько его не занимало. Он читал лишь задние страницы и преимущественно останавливался на объявлениях о продаже домов. Ничего, кажется, не было общего между ним и покупкою дома, а между тем, могу вас уверить, он ни о чем другом никогда не читывал. Отыскав объявление, он вынимал из кармана жиденький бумажник и подробно, целиком вписывал туда прочитанное объявление. После этого он возвращался домой, одевался со всевозможною тщательностью, осыпал лицо пудрой, даже завивался - и отправлялся отыскивать продающийся дом. Осмотрев его с улицы, он звонил обыкновенно в колокольчик или стучал в дверь дворника. Тогда между ним и дворником происходил всегда разговор следующего рода:

- Скажи, пожалуйста, любезный, дом этот продается?

- Продается.

- То-то... Я вот тут гулял, так уж кстати зашел посмотреть. Дом порядочный... да; немножко вот тут как будто... - присовокуплял он, неопределенно возводя глаза к зданию, - но это ничего... Сколько за него просят?

Дворник произносил довольно полновесную сумму, но это обстоятельство встречало всегда страшное равнодушие со стороны покупщика, и он снова завязывал разговор:

- Отчего же продают его?

- А не могу знать; сказано только: продается.

- Хозяин у себя дома?

- Здесь.

- Можно его видеть?

- Можно.

- Да... А как бишь его фамилия?..

- Иван Андреевич...

- Нет, нет - фамилия как?

Если же фамилия была довольно известная и по дальнейшим справкам оказывалось, что человек, ее носивший, был богат или имел значительный титул, наш молодой человек как бы мгновенно откладывал намерение вступать с ним в совещание; он говорил дворнику:

- Хорошо, братец, я еще зайду, - после чего уходил и никогда уже больше не возвращался.

Если фамилия была темного происхождения, он продолжал беседу уже в следующем духе:

- Так, стало быть, я могу его застать теперь дома?

- Можно.

- Ты мне скажи, братец, наверное, потому что, что ж я пойду даром... и, наконец, я могу побеспокоить... может быть, хозяин человек женатый, семейный... множество детей...

Если дворник говорил, что хозяин холостяк, результат был тот же, что и в первом случае: покупатель уходил и никогда уже больше не возвращался. Если же хозяин дома был человек семейный и особенно если имел много дочерей, молодой человек поспешно запускал пальцы в карман жилета и говорил:

- Тебе, братец, надо, однакож, дать на водку... Экая досада! Никакой мелочи!.. Ну, видно, не твое счастье, - присовокуплял он шутливо, - знать, до другого случая... Ну, вот видишь ли, и неловко, стало быть, пойти к хозяину, не зная, что он делает... может быть, он теперь обедает... неловко прийти, особенно если большие у него дочери... А что, дочери-то уж большие?

- Да вот одна, Марья Ивановна, невеста.

- Ну, вот видишь ли - и неловко... (Истина, которой мы поклоняемся, заставляет нас сказать, что при таком известии лицо молодого человека проявляло все признаки величайшей радости.) Может быть, и другие дочери также взрослые? - присовокуплял он.

- Никак и второй шестнадцатый пошел.

- Спасибо, любезный, спасибо... Так я пойду, переговорю с хозяином... помни же, двугривенный за мною!

Когда хозяин помещался в продающемся доме, молодой человек шел прямо туда или же расспрашивал его квартиру и направлялся в ту сторону; но большею частью он заходил по дороге в кондитерскую и не прежде решался предстать в качестве покупщика, как осмотрев себя внимательно в зеркале кондитера. В денежное время - этого почти никогда не бывало - он нанимал извозчика и подкатывал к крыльцу хозяина дома на пролетке. Войдя в квартиру, он приказывал доложить о себе как о покупщике. Хозяин выходил навстречу и, естественно, радовался найти молодого человека: с молодыми, неопытными людьми всегда как-то приятнее вести дела. Молодой человек рассыпался перед хозяином в учтивостях; говорил, что осматривал дом, что дом пришелся ему по вкусу во всех статьях, что о нем много говорил ему один знакомый - тут он придумывал всегда самую звонкую фамилию, - что цель его при покупке дома заключается единственно в том, что хочется ему навсегда поселиться в Петербурге, и что время, наконец, пришло остепениться и зажить хозяйственным образом - прибавлял он в виде шутки; затем он просил хозяина потрудиться и пойти с ним снова осмотреть здание. При этом осмотре молодость и неопытность покупателя делались еще очевиднее: обстоятельство, которое окончательно еще располагало хозяина дома к покупщику. Они возвращались в квартиру; хозяин предлагал чашку чаю, знакомил его с женою и представлял дочерям. По уходе покупщика и после того, как дочери удалялись в свою комнату передавать друг другу впечатления о новом знакомце, хозяин дома придвигался к жене и держал обыкновенно такого рода речь:

- Ну что, душенька, что ты на это скажешь... а?.. Вот если б такого жениха нашей Оленьке... а? Чего, кажется, лучше: уж когда покупают дом, и притом не торгуются, поверь мне, значит, есть состоянье! Молодой человек так еще неопытен, что, делая покупку, не умеет даже скрывать своих средств... Истинная была бы находка, если б только дом продали и Оленьку выдали бы замуж?.. А?

На это жена отвечала:

- Ну что ж, друг мой, я непрочь, ты знаешь, я всегда желала счастья моим детям!

А наш молодой человек, возвращаясь назад, думал между тем следующее:

"Очень миленькая девушка... право... и отец того... совершеннейший добряк... и мать тоже... Что ж, не худо бы? Средства их мне неизвестны, но если продают дом с тем, чтобы выстроить новый вдвое больше, стало быть, средства хорошие... Главное дело, надо понравиться матери и дочери - в этом вся штука... Потому что потом, когда дело будет улажено и нас обвенчают, если и окажется тогда, что я не могу купить дома... потому что... ну, потому что не могу, - дело уж будет сделано... из-за этих пустяков не лишать же дочери, и, как кажется, еще любимой дочери, назначенного приданого... Да, главное дело, надо понравиться ей и матери...

На следующий день молодой человек завивался еще тщательнее и снова являлся в знакомое семейство. Проникнутый своей целью, он мало говорил о покупке дома, больше любезничал с дамами. День за день покупка дома откладывалась. Все жили пока надеждой - и молодой человек и почтенное семейство. Все шло изрядно, пока не являлся новый покупщик. Тут наступала драма. Новый покупщик выкладывал деньги и предлагал задаток. Наступала критическая минута... Молодой человек не мог дать задатка и удалялся, с тем чтобы никогда уж больше не возвращаться!

Такие происшествия приключались с ним довольно часто: он каждый почти день вписывал в бумажник адресы продающихся домов и часто в одно и то же время вел переговоры со многими семействами, но результат был всегда одинаков. Неудачи не ослабляли, однакож, его духа и энергии, и неустанно продолжал он читать газеты, выписывать адресы, беседовать с дворниками и являться в дома. Замечательнее всего то, однакож, что неудачи свои нимало не приписывал он появлению настоящего покупщика или недостаче денег в собственном кармане; нет, он питал в душе твердую уверенность, что дело рушилось потому лишь, что не сумел он понравиться, - в том было все дело. Такое убеждение, как вы можете себе представить, должно было повергать его в глубокое отчаяние.

## II

*Эпизоды из детства и юности*

Что ж такое, если б и на самом деле оно было так: если б он хотел нравиться - и приходил в отчаяние, когда ему не удавалось? Не все ли мы подвержены той же слабости? Не все ли, более или менее, желаем нравиться? Я, по крайней мере, не встречал человека, который не старался бы тем или другим способом развить в себе средства для вернейшего достижения такой цели. Но большая часть из нас в скорбные минуты неудач имеет, по крайней мере, хоть какие-нибудь утешения: Нолинскому предстоят развлечения большого света; Богучаров утешается покупкою славного рысака; Тетюшин возвращается к балету и записывается в число театралов; Бузулкий получает наследство; утешение Пейпусова заключается в справедливом сознании красоты своей: он уверен, что если она не произвела действия в настоящем случае, то непременно произведет в другом, и т. д. Кроме того, неудачи Пейпусова, Богучарова, Бузулкина и Тетюшина не должны повергать их в отчаяние или заставлять их считать себя пораженными в голову ударом булавы; желание нравиться не составляет еще, сколько мне кажется, главной основы их существования. Дело нашего героя совсем другого рода; желание производить приятное впечатление составляло главную и в то же время единственную потребность его умственной и нравственной природы; это выходило у него совершенно естественно - действием внутреннего неодолимого побуждения; он хотел нравиться, как только что оперившаяся птица хочет лететь, котенок, открывший глаза, хочет ловить мышей и т. д. Отчего же, скажите на милость, нестерпимо вилял он корпусом и семенил всем существом своим, как только замечал, что смотрят на него дамы? Как объяснить теперь это беспокойство, это внутреннее сомнение, если можно так выразиться, которое испытывал он даже в присутствии мужчин? Какое ему было дело до того, что скажут или подумают о нем совершенно посторонние, вовсе незнакомые люди, попадавшиеся на улице, в кафе, в театре и проч.? Что заставляло его заискивать знакомство, вступать в разговор, предлагать газету, уступать место на гулянье, предостерегать прохожего касательно лужи или апельсинной корки, украшающей тротуар? Что заставляло его, наконец, делать глазки в то время, когда другие сосут еще грудь или, по крайней мере, не совсем еще твердо стоят на ногах? Отчего же все это?

Надо было видеть, когда покойная маменька спрашивала его: "Ваня, ты хорошенький?" - надо было видеть, говорю я, с какою уверенностью отвечал он: "Хорошенький!" Это происходило, надо вам сказать, на третьем году от рождения. "Ваня, кто лучше, я - или ты?" - спрашивала его мать. "Я лучше!" - отвечал всегда Ваня, а между тем, могу вас уверить, покойная маменька Вани была очень недурна собой. Мать скоро умерла, и Ваня перешел в дом дяди, единственного близкого родственника. Дядя был управителем какого-то дома; к нему ездило много гостей, привозивших и детей своих. Но Ваня - ему было тогда около восьми лет - чуждался детей. Он предпочитал сидеть в гостиной, и не было для него лучшего удовольствия, как когда ласкали его женщины. Случалось приезжим гостям заговориться и забыть о существовании Вани. Ваня садился тогда в угол гостиной, скрещивал ножки, свешивал набок голову и прикидывался спящим; картина спящего ребенка вызывала всегда трогательную улыбку на губах дам, которые обыкновенно будили его поцелуем: то были сладчайшие минуты в детстве Вани. Первый гривенник, полученный им от дяди, пошел на покупку складного гребешка с зеркальцем, и хотя зеркальце показывало один только глаз или часть носа, но Ваня был в таком восхищении, что клал гребешок даже под свою подушку, когда ложился спать.

Тринадцати лет его отдали в школу. Для вытверживания уроков он преимущественно выбирал место у окна, книга бралась затем собственно, чтобы прятать лицо от учителя; глаза ученика не отрывались от окон противоположного дома, где жило многочисленное семейство. В свободное от занятий время он наводил глянец на пуговицы своего коротенького фрачка или же чистил самое платье маленькой щеточкой, купленной, как только завелось тридцать копеек серебром. Любимым удовольствием его было попросить маленького товарища выбросить на улицу книжку или тетрадь в то время, когда барышни противоположного дома глазели у своих окон; он весь тогда как-то подбирался, подтягивался: выступая петушком по улице и самодовольно покручивая напомаженной головкой, он переходил улицу, ловко нагибался, подымал брошенную книгу и, делая вид, как будто не замечает барышень, возвращался тем же порядком в классную комнату. Какая мысль воодушевляла его при этом - неизвестно; надо полагать, уже тогда беспокоило его желание возбуждать внимание прекрасного пола.

Весьма натурально, что с возрастом и беспокойство это шло возрастая; в восемнадцать лет он был зачислен тогда в какую-то контору, откуда скоро вышел по негодности: обстоятельство, после которого дядя совсем почти отступился от племянника; время проходило в наблюдениях над окнами, где сидели дамы, и в прогулках мимо этих окон. В Испании, может статься, что-нибудь и вышло бы из этого, но в холодном Петербурге похождения юноши остались без последствий. Эта эпоха его молодости может назваться вообще - эпохою неудач. Есть дни, в которые ничего не удается, есть также и люди, которым ничего не удается. Невозможно перечесть всех неудач нашего героя: лелеял ли он, например, мысль приобрести модные панталоны с большими клетками - точь-в-точь какие видел на знаменитом льве, - выходило всегда, что как только мысль его осуществлялась, мода на такие панталоны уступала место другим панталонам, а именно - с полосками или зубчиками. Та же самая история происходила с жилетами, штрипками, штиблетами, воротничками рубашки и проч. и проч.: он всегда опаздывал. А между тем если б кто знал, скольких пожертвований стоило ему приобретение этих предметов!

Раз целые три месяца отказывался он от обеда, довольствуясь в три часа одною французскою булкой или пеклеванным хлебом, когда чересчур уже надоедала булка; немногие, надеюсь, в состоянии обнаружить такую твердость характера, особенно если дело пойдет на составление капитала, необходимого для покупки брелоков к часовой цепочке. Но дело сделано, брелоки куплены; настал день, когда прицепил он их к часовой цепочке, замирая от внутреннего самодовольствия, и вышел на Невский. Но каково же было изумление его, когда в это утро не увидел он брелоков ни на одном истинно франтовском жилете! Он решился даже расспросить об этом обстоятельстве. Увы! Ему сообщили, что брелоков никто уже не носит, кроме парикмахеров!

В другой раз с ним произошло еще лучше. (Он пренебрегал тогда заглядыванием в окна глухих переулков своего квартала; гулял по Невскому и знал наизусть фамилии всех почти знаменитых щеголей.) Узнал он как-то, что в одном аристократическом отеле устроился базар в пользу неимущих вдов и сирот. На этом базаре каждое утро сходился весь цвет изящной молодежи; самые хорошенькие женщины лучшего круга, стоя за прилавками, продавали лимонад, мороженое, вафли и проч.; носились слухи, что все эти дешевые предметы продавались неслыханно дорого. Известие это, конечно, не устрашило пылкого юношу: ему так давно хотелось побывать в аристократическом доме, потолкаться между знаменитыми денди и особенно хотелось посмотреть вблизи на первых красавиц города. Как нарочно, в ту пору дядя дал денег; капитал состоял из двадцати пяти целковых: не много, конечно, но что значило бросить пять рублей для такого удовольствия! "Э, была не была!" - подумал он и, одевшись как можно изящнее, отправился. Не станем описывать его впечатлений, скажем только, что он затрепетал от восхищения с головы до ног, когда очутился почти лицом к лицу с одною из самых хорошеньких графинь и услышал ее мелодический голос, приглашавший купить пирожок. Он тотчас же подошел к прилавку и, грациозно изогнув корпус, взял пирожок. Говорят, в эту минуту им овладело такое волнение, что он решительно не знал, что делать с своим приобретением: съесть его казалось ему крайне неучтивым; спрятать в карман, как бы на память, он не решился; наконец он поднес его ко рту и, взглянув не без особенного выражения на прелестную продавщицу, медленно стал его есть. В голове его мелькнула между тем игривая мысль взять еще пирожок; за вторым последовал третий, за третьим четвертый и, наконец, дошло до пятого. Ему хотелось уже теперь во что бы то ни стало возбудить внимание графини, и точно, графиня обратилась к нему, улыбнулась и сказала, что он должен ей двадцать пять целковых. Таким-то образом лишился он в одно утро всего капитала и, обеспечив на целый месяц убогую вдову, принужден был бесконечное время питаться одними булками. Эти несчастные пирожки были, можно сказать, первым основным камнем его долгов в мелочную лавочку.

Но долг в мелочную лавочку ничего еще не значил сравнительно с долгом портному Шамбахеру. "Шамбахер, портной из Лондона" - гласила вывеска, вызывавшая всегда добродушную улыбку на лицах родственников портного, знавших, что Карл Шамбахер уроженец из Митавы. Этот долг пуще всего сокрушал молодого человека: мало того, что Шамбахер отказался напрямик шить платье до уплаты долга, но немилосердно даже преследовал своего должника. Герой наш еще не вполне усвоил себе дар смягчать кредиторов, не отдавая им денег; он не имел ни надлежащего дара слова, ни сноровки. Шамбахер прямехонько врывался в его комнату и подымал страшную тревогу, так что хозяйка и жильцы ее выбегали в коридор с испуганными лицами.

Мы не ошибемся, если скажем, что такие же точно отношения существовали между интересным юношей и сапожником Шамбахером, родным братом лондонского Шамбахера. В цветущие времена нашего героя портной Карл Шамбахер поспешил доставить его практику брату своему, Готлибу Шамбахеру. Но обстоятельства переменились, и теперь оба Шамбахера с остервенением преследовали прежнюю свою практику. Он боялся их пуще огня и потому-то, я полагаю, так редко сидел в своей квартире, предпочитая прогулку по Невскому, где такое множество дверей, ворот и выходов. Тем не менее, однакож, он страшно тяготился своим положением. Вот именно в одну из этих скорбных минут и пришла ему вдохновенная мысль являться в качестве покупателя домов в семейства с невестами. Но мы видели, что это ни к чему не повело.

Разорение, оборванное пальто, скомканная шляпа с рыжими краями, лопнувшие сапоги начинали глядеть ему прямо в глаза; отчаяние стало являться к его изголовью, и нет сомнения, он кончил бы трагически и лишил бы нас удовольствия описывать дальнейшие его похождения, если б не умер скоропостижно дядя. Наследство оказалось незначительным, хотя дядя и управлял домом: найдена была всего тысяча рублей серебром, которую и препроводили к законному наследнику. Можете представить себе восторг молодого человека! Лучше всего было то, что деньги пришли кстати: наступала осень, жители переезжали с дач, и Невский проспект наполнялся гуляющими; у нашего героя не было между тем теплого пальто, да и вообще, если правду сказать, остального платья, соответственного сезону.

"Но как! Неужели снова обратиться к Шамбахеру из Лондона? - думал он. - Шамбахер делал мне всевозможные дерзости, отравлял, можно сказать, каждый час, что я говорю! - каждую секунду моего существования, - и за все это я снова дам ему свою практику... нет! Ни за что в свете! Он, чего доброго, захочет еще отмстить мне. Я отдам ему те триста рублей, которые должен, он возьмет, да и откажется на меня работать... Нет, не бывать этому! - воскликнул он с ожесточением. - Пускай же знает он, что я не позволю себе безнаказанно говорить дерзости; закажу платье Альфреду Коко, портному из Парижа, вот и все тут! Все решительно говорят, что Альфред Коко шьет еще лучше Шамбахера... Кончено!"

Тут разгоряченному его воображению представилась фигура другого Шамбахера - Готлиба, сапожника - и негодование овладело им окончательно; он решился разом покончить дело и прекратить всякие сношения с этими грубыми братьями. Затем, не медля ни минуты, отправился он к Альфреду Коко.

Коко взял очень дорого, но, надо правду сказать, одел его по последней моде, или в последнем стиле, как принято говорить: панталоны - fantaisie[1]; жилет - idem[2]; пальто-сак - à la midschman anglais[3]; все это сидело превосходно; на каждой пуговице было даже выбито: Alfred Coco,

---

[1] Фантази (ред.).

[2] То же самое (ред.).

[3] А ла английский мичман (ред.).

successeur de ci-devant Dindonet[4]. Затем, по рекомендации того же Коко, молодой человек отправился к французскому сапожнику и накупил обуви. Затем явилась необходимость зайти в магазин "Au petit maître"[5], куда привезен был большой ассортимент галстуков. Француз, к которому обратился он, взглянул сначала на лицо его, потом на жилет, дал заметить, что галстук должен быть непременно среднего цвета между цветом лица и жилета, и, сказав: "Je sais ce qu'il vous faut"[6], выложил перед ним ассортимент с такою поспешностью, как будто показывал фокус. Выбраны два галстука - один à la Colin[7], другой à la Montpensier[8]; француз предлагал еще третий: à la Jean-Jacques[9], но молодой человек был настолько благоразумен, что отказался. Рядом с магазином "Au petit maître" находилась стеклянная дверь с золотою надписью: "Almenor-coiffeur"[10]; тут молодой человек вспомнил, что, примеряя час тому назад платье, должен был встрепать себе волосы, и пошел к куаферу.

- Un petit coup de ciseaux, un petit coup de fer, - rien que pour rafraîchir les pointes... M-r, a-t-il lu les Mystères de Paris?.. Un soupèon de pommade, une idêe de bandoline[11], - и наш молодой человек вышел из рук de l'artiste en cheveux[12] в прическе à la petite polka![13]

При выходе из парикмахерской глаза его случайно упали на окна с изображением красками на стекле перчаток всех возможных цветов. Он вошел и вскоре явился на Невском в таком блеске, в каком никогда еще не являлся. Завернув в Пассаж и оглянув себя в зеркале, он пришел в такой восторг, что решился тотчас же снять с себя дагерротип, и, точно, уже совсем было отправился, но, сделав двадцать шагов, пожалел расстаться с Невским проспектом и отложил свое намерение до другого раза.

Так блистал он несколько дней сряду, и эти дни, можно сказать с уверенностью, были лучшими днями его жизни. Но нет такого ясного неба, которое не омрачилось бы тучами. Туча на ясном небе нашего героя предстала в образе Карла Шамбахера. Встретив прежнюю свою практику в

---

[4] Альфред Коко, преемник Дендоне (ред.).

[5] "Для франта" (название магазина) (ред.).

[6] Я знаю, что вам надо (ред.).

[7] А ла Колен (ред.).

[8] А ла Монпансье (ред.).

[9] А ла Жан-Жак (ред.).

[10] Альменор - парикмахер (ред.).

[11] Легкое прикосновение ножницами, легкое прикосновение щипцами, - только чтобы освежить кончики... Сударь читал "Парижские тайны"?.. Намек на помаду, тень завивки (ред.).

[12] Художника прически (ред.).

[13] Под полечку (ред.).

совершенно новом костюме и основательно заключив из этого, что практика получила деньги, но заблагорассудила обратиться к новому портному, прежде чем расплатиться с прежним, - Шамбахер пришел в такую ярость, что чуть было не погиб от паралича. Но этим еще не кончилось; в тот же день герой наш встретился с сапожником Шамбахером, который, как только взглянул на новые сапоги должника, поднял кулаки и закричал: "Donner Wetter!"[14] таким громовым голосом, что наш молодой человек кинулся стремглав в соседние ворота, пробежал без оглядки двор, вышел в задние ворота и бежал до тех пор, пока не уткнулся в какой-то забор.

С этого дня братья Шамбахеры начали преследовать его с особенным, каким-то злобным, неукротимым остервенением. Наш герой готов был отдать им долг; он под конец пламенно даже желал этого, и денег оставалось у него ровно настолько, чтобы удовлетворить Шамбахеров, но дело в том, что тут явилось одно обстоятельство, которое решительно стало поперек его желаний: блестящее положение нашего героя было временно, он сам это чувствовал, и потому, нисколько не увлекаясь улыбкою фортуны, благоразумно продолжал читать объявления о продающихся домах и посещал семейства с невестами.

Весьма недавно познакомился он с одним почтенным и, повидимому, богатым булочником Беккером. Беккер продавал дом с целью купить другой, соседний дом, огромнейшего размера. У Беккера была дочь, единственная дочь, и как человек, наживший большое состояние в России, он из чувства благодарности, вероятно, хотел выдать ее замуж непременно за русского. Наш герой явился, познакомился и - сказать ли? - кажется, даже понравился. - Мы говорим: "кажется", потому что ничего еще не обнаруживалось решительно, кроме того разве, что госпожа Беккер сказала после первого визита его: "Очень учтивый молодой человек"; отец сказал: "Ja wohl"[15], а дочка примолвила: "Ganz comme il faut!"[16] Но наш герой был уже опытнее; беседуя с дамами, он не пропускал случая занимать отца разговорами о покупке дома. Та же самая житейская опытность воспрещала ему платить до поры до времени Шамбахерам.

"Ну, а как явится вдруг покупатель дома, и Беккер спросит у меня задаток?.. - думал он. - Нет, пускай уж лучше подождут Шамбахеры; они всё получат в свое время, всё, даже проценты... но теперь... теперь главное дело понравиться девице, отцу, матери и - покончить скорее с Беккерами!.."

---

[14] Гром и молния (ред.).

[15] Да, конечно (ред.).

[16] Вполне хорошего тона (совершенно комильфо) (ред.).

При таких мыслях и в таком положении застали мы нашего героя гуляющим по Невскому в начале этого правдивого рассказа.

## III

*Встреча за встречей*

Что, если б вдруг сделалось известным, что такого-то числа все портные, существующие в Петербурге, будут прогуливаться от двух часов пополудни до пяти включительно по Невскому проспекту?.. Как вы думаете, произвело бы такое известие впечатление на Невском проспекте или не произвело бы никакого впечатления? Что до меня касается, я имею основание думать, что было бы произведено некоторое впечатление. Можно по крайней мере держать сто против одного, что в означенное утро вас крайне бы озадачило отсутствие многих весьма милых молодых людей, которых привыкли вы встречать здесь каждый день; говоря откровенно, я сомневаюсь даже в появлении большей части этих молодых милых людей. Но так как прогулка портных принадлежит к разряду самых фантастических, несбыточных предположений, то на Невском проспекте не было заметно никакого изменения.

В три часа не было такой плитки тротуара, по которой не ступала бы вкусная, как пирожное, прюнелевая ботинка или узкий лакированный сапог; попадалась, конечно, и неуклюжая обувь, но мы питаем к последней глубочайшее равнодушие и - прошу заметить - никогда о ней не упоминаем. Джентльмены, львы и денди попадались на каждом шагу, как простые смертные. Они выступали с тою уверенностью, с тем непринуждением, как будто прогуливались по собственным владениям; лица их выражали беспечность и вместе с тем дышали как бы сознанием, что это было лучшее место и лучший час для прогулки. С последним легко согласиться, действительно это был лучший час: в это время портные, - не говоря уже о других мастеровых, которым могут быть должны денди, - утомленные беготнёю по долгам, или предаются отдыху, или всё еще бегают, отыскивая должников своих; а так как, по множеству визитов такого рода, они по большей части ездят на извозчиках - иначе им бы никак не угоняться, то и я нахожу с своей стороны, что это самый лучший час для прогулки.

Несмотря на страшно холодный ветер, дувший прямо с моря,

16

хорошеньких женщин было, по обыкновению, очень много, и все они старались казаться веселыми. Замечательно однакож, что истинно веселые лица принадлежали одной только половине публики, именно той, которая шла от Полицейского моста к Аничкину, то есть спиною к ветру; лица другой половины, шедшей от Аничкина моста к Полицейскому, принимали только веселый вид, но, в сущности, были синеваты, нахмурены и напоминали выражение на лицах актеров, которые играют веселую роль, между тем как утром схоронили ближайшего родственника. Но это продолжалось недолго; едва лишь достигали они Полицейского моста и снова поворачивались к Аничкину - лица их оживлялись неподдельною веселостью, на губах появлялось даже что-то насмешливое, саркастическое при встрече с лицами, шедшими навстречу и за минуту перед тем казавшимися столь торжествующими. Эта маленькая игра физиономий, которая спокон веку существует на Невском проспекте и которую можно бы назвать игрою в маленькое мстительное пересмеиванье, составляет одну из самых разнообразных сторон этой бесспорно прекрасной прогулки.

Около этого времени, то есть в три часа, на Аничкином мосту показался и наш молодой человек. Но пора, однакож, сказать настоящее его имя: его звали Иваном Александровичем; что ж касается до фамилии - я, право, робею... фамилия его: Свистулькин!.. Тут, без сомнения, многие особы пожмут плечами, отвернутся и скажут: "фи!"... Но скажите пожалуйста, отчего не стали бы вы отворачиваться и не сказали бы "фи!", если бы вам пришлось встретить в рассказе брюссельского издания имя m-r Siffleur или m-r Siflottin! Отчего это? Держу какое угодно пари, что фамилия m-r Siflottin показалась бы вам очень забавною - право, так!

Странное дело: какой-нибудь Федор Сапог приводит в содроганье, а m-r Soulier возбуждает приятную улыбку: чем же сапог хуже башмака? Вы отворачиваете взор от Горшкова или Корешкова, и готовы подать руку и танцовать мазурку с m-r Potier или m-r Racine, даже если б они не были потомками знаменитых людей, а попросту назывались m-r Potier или m-r Racine? Разве m-r Gorneille не тот же Галочкин? m-r Poiret не тот же Горохин или Грушкин? Потеев не тот же Sue?[17].. и т. д. Решительно не понимаю такого предубеждения и не знаю, право, до чего оно может дойти; впрочем, если хотите, оно уже и дошло вот до чего: я знал одну даму, которая говорила очень свободно: "Pierre, ne salissez pas votre pantalon", и скорее умерла бы, чем сказала: "Pierre, не марай своих

---

[17] Фамилии, происходящие от французских слов: siffler - свистеть, soulier - башмак, racine - корень, corneille - ворона, poire - груша, suer - потеть (ред.).

панталон". Я положительно даже знаю, что она во всю свою жизнь ни разу не произнесла этого неблагозвучного слова. Но так как, несмотря на всевозможные рассуждения, большинство будет стоять всегда скорее за слово pantalon, чем за слово панталоны, то оставим это и обратимся лучше к нашему делу.

Иван Александрович был так же изящен, как вчера и третьего дня. К сожалению, несмотря на изящество, несмотря даже на то, что лицо его сохраняло постоянную улыбку, хотя и было обращено к ветру, Ивана Александровича менее чем когда-нибудь можно было принять за джентльмена. Не туалет был тому причиной: благодаря Альфреду Коко туалет сидел безукоризненно; не лицо Ивана Александровича изменяло ему, - нет: его выдавала походка! Он выступал с какою-то принужденною торопливостью и поминутно оглядывался назад, как будто боялся чьего-то преследования. Походка составляет такой важный предмет в общественной жизни, что требует глубокого изучения. Выражение походки давным-давно определено на Невском, где наблюдательность развита больше, чем думают; так, например, если вы шагаете так же быстро, как Свистулькин, но вместо того, чтобы оборачиваться назад, бросаете рассеянные взгляды направо и налево, скажут, что вы ни о чем не думаете; вы можете, впрочем, прослыть тогда за очень милого молодого человека; вы размышляете о настоящем вашем положении, когда устремляете взор вперед; о прошедшем - когда смотрите вниз, о будущем - когда смотрите вверх; медленные, ровные и как бы вымеренные шаги обозначают солидность и некоторую независимость состояния; перекачиванье с ноги на ногу - нерешительность и запутанные обстоятельства; походка с припрыжкою выражает глупое самодовольство и ветреность и т. д. Но боже упаси, если вы, подобно Свистулькину, будете оглядываться поминутно назад: всякий тотчас же заключит, что вас преследует кредитор.

Иван Александрович выдавал себя еще тем, что слишком уж часто улыбался и старался показать вид, что ему вовсе не холодно: всем, между тем, в глаза бросались его синие щеки, красный нос и слезы на ресницах; он чересчур также распахивал пальто и выставлял напоказ жилет; но последнюю проделку я прощаю ему от всей души: он только что велел прикрепить к жилету круглые пуговки из крашеной кости, весьма искусно, впрочем, подделанные под цветной камень, и так как пуговицы стоили три целковых, то, весьма натурально, ему хотелось показать их всему свету.

Подвигаясь так скоро, он, без сомнения, достигнул бы в четверть часа до Адмиралтейства, если б не задержало его одно обстоятельство;

обстоятельство было благоприятное, одно из тех, на которые мы сами очень охотно наталкиваемся. Против сквера Александрийского театра он встретился с девицею Беккер и ее маменькой.

Хотя Иван Александрович не шутя начинал чувствовать влечение к своей невесте даже мимо ее приданого, - он называл ее своею невестой, потому что на другой день после этой встречи решился объясниться серьезно и просить ее руки, - но в настоящем случае, надо отдать ему справедливость, поступил истинным джентльменом: он не дал воли своим чувствам, не бросился ей навстречу, но приостановился и быстрым взглядом окинул туалет обеих дам. Нельзя же было господину в новом пальто, новой шляпе, галстуке à la Montpensier и новых сапогах рискнуть итти рядом с дурно одетыми дамами! В подобных случаях, будь эти дамы родные тетки или сестры, Ивану Александровичу надо быть всегда готовым броситься в первый магазин или юркнуть под соседние ворота. Иван Александрович, конечно, сделал бы то же самое, но это оказалось лишним: дамы были одеты очень удовлетворительно; госпожа Беккер, мать, обращала даже на себя внимание. Улыбка мгновенно заиграла на губах Ивана Александровича; он покрутил головкой, провел языком по губам и пошел навстречу, сохраняя на лице выражение приятного удивления.

Госпожа Беккер, точно, заслуживала внимания. Она принадлежала к разряду так называемых "маменек", то есть была женщина коротенькая, но значительно распространившаяся в ширину; она пыхтела, как самовар, под своим бархатным фиолетовым бурнусом, обшитым бахромою и стеклярусом в виде гранат; шляпка ее из розового крепа украшалась изнутри пышными махровыми розанами, снаружи виноградными листьями с их завитками и такою роскошною виноградною кистью, что, будь она только не поддельная, а настоящая, из нее легко вышла бы бутылка доброго вина. Но цвет шляпки значительно бледнел перед пурпуровым, жирным лицом Вильгельмины Беккер; туалет ее довершался голубым платьем с воланами и талией, тем самым платьем, в котором явилась она прошлую зиму последний раз на вечере шустер-клуба[18]; потому, что, хотя Вильгельмина Карловна и доживала свою пятидесятую весну, - что составляло, в сущности, уже изрядное начало зимы, - она охотно посещала общественные увеселения, больше, впрочем, для дочки, для Лотхен, как она говорила.

Дочка была одета несравненно проще: темный бурнус, обшитый тесьмою, темное шелковое платье, белая шляпка - вот и все. Наружность

---

[18] Клуб сапожников (ред.).

ее опровергала совершенно понятие, которое составилось почему-то о дочерях булочников. Щеки ее, конечно, представили бы привлекательную смесь крови с молоком и отличались бы округлостью, свойственною вообще булочницам, если б она находилась в положении этих обыкновенных смертных; но отец ее разбогател и не имел никакой надобности держать Лотхен в пекарне, заставлять ее обсыпать сахаром плюшки или месить выборгские крендели, которые, скажем мимоходом, называются выборгскими потому лишь, что пекутся в Петербурге. С десяти лет она воспитывалась в школе, откуда вышла только год назад; она с успехом рисовала греческую профиль, свободно могла прочесть "La laitière de Montfermeil"[19] и разыгрывала какую угодно музыкальную пьесу à livre ouvert[20]; с наклонностью к музыке, свойственною всем немцам, она судила даже о музыке и восклицала не хуже других барышень: "Oh, Chopin! Oh, Rossini!"[21], когда речь заходила об этих композиторах. Все это, как можете себе представить, приводило в восторг отца ее; одно не нравилось Андрею Андреевичу: Лотхен, с приобретением драгоценных талантов, утратила свой прежний цвет лица, свою свежесть! Лицо ее было бледно-тусклого цвета с зеленоватым отливом. Это не мешало, однакож, личику Лотхен быть очень миловидным: оно сделалось еще миловиднее, когда встретилось с лицом Ивана Александровича: улыбка тотчас же заиграла на бледных губах Лотхен.

- Ах! Иван Александрович! Mutterchen[22], Иван Александрович! - воскликнула она, кивая головою Свистулькину, который приподнял шляпу и шаркнул, но, получив сзади толчок, торопливо посторонился, бросив гордый взгляд на неучтивого господина.

Он закинул руки за спину и пошел рядом с дамами.

- Ваше здоровье, Вильгельмина Карловна? - спросил он, выдвигая на ходу правый носок и наклоняя вперед голову.

- Мое очень хорошо, слава богу, благодарю вас... - приветливо отвечала госпожа Беккер с сильным немецким выговором.

"Ничего,- мысленно рассудил наш герой,- подумают, еще баронесса какая-нибудь..."

- Здоровье Андрея Андреича? - примолвил он громко.

- Не совсем хорошо... голова болит! - простодушно отвечала Вильгельмина Карловна. - Сегодня большой обед в Морской и ужин в Гороховой, заказано сто хлебов и печенье к чаю... так он...

---

[19] Молочница из Монфермейля (ред.).

[20] С листа (ред.).

[21] О, Шопен! О, Россини! (ред.).

[22] Мамочка! (ред.).

- Ах, маменька! - с упреком шепнула Лотхен, толкая ее локтем.

Иван Александрович сделал вид, как будто идет сам по себе, но это продолжалось секунду.

- Ну, что ж такое?.. Was noch?[23].. - простодушно спросила мать.

- О вашем здоровье я не спрашиваю, Шарлотта Андреевна, - поспешил замять Свистулькин, - это было бы совершенно лишнее... но.. - прибавил он, понижая голос, - вы, как и всегда... цветущи...

- Совсем напротив... я...

- Отчего же напротив?.. Поверьте мне... впрочем, я уж вам передал мои мысли... вы... Ах! - неожиданно заключил Иван Александрович, раскланиваясь с первой дамой, проехавшей в карете.

- Кому вы поклонились? - спросила Лотхен.

- А это... это графиня... Су... Суздальцева...

- Скажите, Иван Александрович, отчего вы у нас вчера не были? - проговорила мать. - Мы вас ждали, думали, придете кофе пить.

- Невозможно было, никак невозможно! - подхватил Свистулькин. - Вы знаете, Вильгельмина Карловна, если б это от меня зависело хоть на волос, я, конечно, рад бы всей душою... но вчера, как назло, был вечер...

Тут Иван Александрович снова поклонился проехавшей карете.

- Кто такая? - спросила Лотхен.

- Княгиня Бабуева, - решительно произнес Иван Александрович, - да, так я говорил вам, что был на бале... Ах, если б вы только знали, mesdames, что это за скука! Страшно даже подумать!.. Но что прикажете делать!.. Сами знаете, когда принадлежишь к обществу, невольно подчиняешься его условиям; хочешь не хочешь, должен подчиняться... Нельзя, никак нельзя! А право, Вильгельмина Карловна, право, рад бы душою бросить все это и жить спокойно и тихо... надоело все это: пустота, страшная пустота!.. И для души решительно ничего...

- Полноте, полноте, вы совсем не то думаете... - сказала Лотхен, - вы всегда с таким удовольствием рассказываете о балах и вечерах этого общества...

- Я?.. Ха-ха-ха! Хорошо же вы меня знаете после этого! - с горечью возразил Иван Александрович; тут он снова понизил голос и даже наклонился к девушке. - Верьте мне или нет, Шарлотта Андреевна, но вот вам признание тоскующей души моей: все это великолепие света, все эти раззолоченные салоны - все это отдал бы я - и как еще охотно отдал бы! - за скромный уголок и доброго, любящего друга... В этом вся цель моей жизни! - добавил он с грустной улыбкой, направленной к Гостиному двору.

---

[23] Что еще? (ред.).

Легкая краска заиграла на щеках Лотхен, и она украдкою взглянула на мать; но та гордо выступала с своей виноградной лозой на голове и ни о чем, казалось, не думала.

- Когда же вы к нам придете?.. - робко спросила Лотхен, вероятно с тем, чтобы переменить разговор.

- Завтра, непременно завтра... - возразил Иван Александрович.- О! Завтра великий день, завтра все должно решиться...

- Зачем же так скоро?.. - пролепетала Лотхен.

- Скоро?.. Вы находите, что это скоро?.. - заметил герой наш тоном упрека.

- Да... - подхватила, краснея, Лотхен, голос ее слегка даже дрогнул. - Вы купите завтра наш дом, и тогда уж не будете с нами знакомы... забудете нас...

- О, вы всё говорите о доме! Боже, боже! - шепнул с жаром Иван Александрович. - Что мне дом! Дом - вздор и ничтожество!.. Я говорю о такой вещи, которая гораздо... в миллион... что я говорю! - в тысячи, тысячи миллионов раз выше всякого дома... Может ли дом что-нибудь для меня значить! - подхватил он с большею еще горячностью, - то, о чем я говорю вам, решит судьбу всей моей жизни, - тут все... все... слышите ли: все! - заключил он, бросив выразительный взгляд на девушку, которая снова покраснела и потупила глаза.

Иван Александрович вздохнул, грустным взглядом обвел вокруг себя, снова вздохнул и наконец, обратившись к матери, сказал с принужденною веселостью:

- Славная нынче погода, Вильгельмина Карловна, и много гуляющих!..

- Да, очень много, - отвечала та с невозмутимым своим добродушием, - да, очень много, и так все хорошо выглядят... ganz elegant... prächtigschön![24]..

Ведя такой приятный разговор, все трое дошли до Аничкина моста. Тут Иван Александрович, жадно искавший случая делать таинственные намеки Лотхен, готовился уже предложить дамам сделать новый конец по Невскому, как вдруг глаза его, смотревшие прямо и весело, запрыгали во все стороны и, казалось, посоловели заодно с лицом.

Точно, было отчего; еще одна минута, еще десять шагов - и он бы погиб, погиб навсегда вместе с своими надеждами. Дело в том, что в толпе, шедшей навстречу, неожиданно выставилась во всем рельефе своем толстая фигура Карла Карловича Шамбахера. К счастию еще, Шамбахер смотрел в другую сторону и не заметил Ивана Александровича. Герой наш

---

[24] Совершенно элегантно... прекрасно, великолепно (ред.).

судорожно схватил руку Лотхен и, не дав ей опомниться, исчез в толпе. Лотхен была до того взволнована пожатием, - это было первое пожатие, - что не бросила даже взгляда в ту сторону, куда он скрылся.

- А вот и брудер Карл! - неожиданно воскликнула Вильгельмина Карловна. Восклицание это привело в себя Лотхен; она подняла глаза и увидела перед собою дядю, портного Шамбахера, родного брата матери.

- Вот и я, киндерхен Was macht ihr da?[25].. Ге, ге! - весело произнес Шамбахер, человек лет под пятьдесят, имевший одну из тех наружностей, которая, так сказать, предвещала апоплексический удар, на что, заметим мимоходом, рассчитывали многие, в том числе, разумеется, и Свистулькин; на нем было гороховое пальто, худо скрывавшее его кривые ноги - недостаток, отличающий всех портных, которые, подобно Шамбахеру, провели тридцать лет, сидя на турецкий манер с иглою и ножницами.

- Прекрасная погода, - вымолвила по-немецки Вильгельмина Карловна, - вышли прогуляться... вот наш кавалер... но где же он? - присовокупила она, озираясь во все стороны.

- Его встретил какой-то знакомый... - пролепетала Лотхен, все еще находившаяся под влиянием пожатия руки.

- Какой же это кавалер? - спросил Шамбахер. - Уж не тот ли, о ком вы намедни говорили? - прибавил он, прищуривая правый глаз на племянницу.

- Да, да, тот самый, - подхватила мать, - жаль, Карл, что он ушел, мы бы тебя познакомили... очень милый молодой человек... ganz comme il faut!..

- Да, брат Андрей говорил мне... что ж: pojaluy; надо сперва спросить у Лотхен, может, она не хочет... ге! - довершил портной из Лондона, лукаво подмигивая племяннице.

Лотхен потупила глаза и улыбнулась, а дядя разразился веселым, добродушным хохотом; Шамбахер - дядя и Шамбахер - портной из Лондона, особенно когда ему не платили долга, - были два существа, далеко не похожие друг на друга: первый Шамбахер, по всей справедливости, заслуживал название шутника, весельчака и доброго малого; во втором случае Шамбахер являлся строгим, неумолимым и вполне заслуживал название зверя или verfluchter Kerl![26]

- Ну, что ж мы стоим, как какие-нибудь вешалки?.. Wollen wir noch

---

[25] Вот и я, детки! Что вы тут делаете? (ред.).
[26] Окаянный парень, негодяй (ред.).

ein Tour aufs Nefsky![27].. заключил весельчак Шамбахер и, став между сестрою и племянницей, пошел по направлению к Адмиралтейству.


# IV

## *Приключение в Пассаже*

Герой наш тем временем давно успел пройти Итальянскую, миновал площадь, где возвышалась когда-то панорама Палермо, и приближался к Пассажу.

"Ведь надо же, чтоб это всегда так случалось! Шагу не успеешь ступить, уж непременно да ввернется какая-нибудь гадость... и всегда, как нарочно, в такую именно минуту, когда... э! - рассуждал Иван Александрович. - Право, если б не страх, что к Беккерам того и смотри явится покупщик дома; если б не надо было беречь денег для задатка - отдал бы, так уж и быть, отдал бы долг обоим Шамбахерам! Право, отдал бы!.. Но невозможно; никакого средства!.. С одной стороны - задаток, с другой... вдруг получу согласие: необходимо тотчас же сделать подарок невесте: серьги ли или браслетку... уж это так заведено веками... скверные обстоятельства... Слава богу, что Шамбахер меня не заметил... вот была бы штука... ух!.. Прощайся тогда со всем... и как подумаешь, право, на каком волоске висит иногда судьба человека... ах, ах! (При этом Свистулькин начал дышать так тяжело, как будто грудь его, и без того узенькая и впалая, уменьшилась вдруг наполовину.) Что ж касается до моего исчезновения, приищу отговорку для старухи... - проговорил он, как только дыхание его пошло ровнее. - Лотхен скажу: "Я так был взволнован, что не мог дольше продолжать разговора с вами"... хорошо еще, что я нашелся и пожал ей руку... а то, право, не знал бы, чем оправдать свое исчезновение... Эх-хе! Скверно, скверно, все это скверно!.. Эти два брата Шамбахера просто-таки отравляют мое существование, решительно - отравляют!.."

Ведя сам с собою такую беседу, Иван Александрович поднялся на ступеньки Пассажа, оглянулся с этой высоты направо и налево и, повторив такой маневр в третий раз, вступил в кафе. Был четвертый час в начале, тот час, в который Свистулькин привык съедать два пирожка или

---

[27] Сделаем еще один тур по Невскому (ред.).

порцию макарон, смотря по обстоятельствам. На этот раз он должен был довольствоваться пирожками, хоть чувствовал нестерпимый голод - необходимое следствие сильных ощущений. Нельзя сказать, чтобы много было посетителей. В числе их, и это была главная причина, заставившая Ивана Александровича отказаться от макарон, находился граф Слапачинский; Свистулькин втайне благоговел перед графом: граф был его идеалом. Он всматривался в жилеты графа, и если были деньги, не успокаивался до тех пор, пока не заказывал себе такой же; наблюдал за галстучными бантами графа, затверживал в своей памяти его приемы, движения и даже некоторые отрывчатые фразы, схваченные на лету. Нечего говорить, что Иван Александрович не был знаком с Слапачинским, никогда даже не перемолвил с ним слова.

Не удостоив взглядом двух плешивых старичков, читавших газеты, Свистулькин подошел к конторке, кивнул головою приказчику, взял пирожок и, не снимая шляпы, прислонился спиною к перилам. Подле перил вместе с графом стояли другие джентльмены; в числе их находились двое, трое очень молоденьких, лет семнадцати, никак не старше, но представлявших из себя людей возмужалых и по этому случаю пивших absinthe[28]; несмотря на увядшие их лица, действительно свидетельствовавшие об их образе жизни, они секунды не оставались в покое и болтали без умолку; речи их преимущественно обращались к итальянцу-конторщику, которого называли они: mon cher monsieur Ulysse[29]. Разговор шел на французском языке, сопровождался хохотом молодых людей и частыми per bacco! ah-bah! diavolo, fichtre[30] и тому подобными.

- Eh! dites donc, mon cher m-r Ulysse, et l'opêra, per bacco! - comment q'èa va? bien?[31]..

- Ma je nous zê deza dit, je nê sais pas moal[32] - отвечал Улисс с такою интонациею, которая ясно показывала, что он начинал терять терпение.

- Et la Grizi, per bacco, a? Vous l'avez entendu?[33] - приставали юноши.

- O! divina, pourquoi moa zê lê antandou zantê[34]...

- Et Tamberlic, - est-ce un bon chanteur?[35]..

---

[28] Полынную водку (ред.).

[29] Мой дорогой господин Улисс (ред.).

[30] Чорт возьми, дьявол, чорт! (ред.).

[31] Э, скажите же, мой дорогой г-н Улисс, а опера, чорт возьми, - как она? Хорошо? (ред.).

[32] Но я вам уже сказал, что я не знаю (ред.).

[33] А Гридзи, чорт возьми, а? Вы ее слышали? (ред.).

[34] О! божественная, потому что я слышал, как она поет... (ред.).

- Et je sais pas moa, pourquoi zê nê l'ai pas antandou[36]... - отвечал нетерпеливо Улисс, поворачиваясь к ним спиною и накладывая макароны.

"И в самом деле, на днях открывается итальянская опера, а я хоть бы знал имя одного какого-нибудь певца или певицы - нехорошо", - подумал Свистулькин, не спускавший до того времени глаз с Слапачинского, который улыбался, слушая молодых людей.

Иван Александрович доел пирожок, подошел к столу, где лежали афишки, отыскал объявление об опере и углубился было в чтение; но так как почти в ту же минуту Слапачинский заговорил с соседом, Иван Александрович снова подошел к конторке; вскоре внимание его привлечено было другим предметом: граф вынул из кармана папиросы, заключенные в простой бумажной пачке, и принялся курить.

"Куда же девалась его кожаная папиросочница? да еще другая, из слоновой кости, с медальоном?.. - сказал сам себе Свистулькин. - Надо полагать, теперь уже брошены папиросочницы... Если Слапачинский ходит с пачкой в кармане, так уж это значит... Ох, досадно, что я купил папиросочницу... напрасно только убил два целковых!.."

- Вам не нужна, кажется, афишка? - спросил граф, неожиданно обращаясь к Свистулькину.

- Ах, нет-с, сделайте одолжение... - торопливо вымолвил Иван Александрович, подавая ему лист.

На языке его вертелась фраза, он хотел уже прибавить: "Какая нынче многочисленная труппа!", - но оробел почему-то, ничего не сказал и, чтобы поправиться, взял второй пирожок. Дочитав афишку, Слапачинский бросил ее на стол, затоптал окурок папиросы, расплатился и вышел из кафе. Иван Александрович тотчас же расплатился и последовал за ним. Граф направился в галлерею Пассажа - и Свистулькин пошел туда же.

Давнишним желанием нашего героя, может даже быть, с тех пор как он стал посещать Невский, где впервые увидел Слапачинского, было - найти случай заговорить с графом. От разговора один шаг до знакомства; а там ничего нет мудреного, если их увидят гуляющих дружелюбно рука об руку по Невскому проспекту. Пройтись по Невскому с графом Слапачинским!.. Мысль эта не давала заснуть Ивану Александровичу. Но до сих пор не представлялось еще случая завязать знакомство, а может быть, и представлялись случаи, но духу нехватало: пальто с обтертыми

---

[35] А Тамберлик - хороший певец?.. (ред.).

[36] Не знаю, потому что я не слышал его (итальянец говорит на искаженном французском языке, путая слова) (ред.).

швами, сапоги с изменчивыми подошвами, шляпа, подкрашенная кой-где чернилами,- хоть у кого отнимут смелость! Но теперь обстоятельства переменились; теперь пальто, шляпа, галстук Ивана Александровича ничем не отличались от пальто, шляпы и сапогов Слапачинского.

Слапачинский подошел к окну и начал рассматривать фарфоровые безделушки, выставленные за стеклом. Иван Александрович приблизился к тому же окну и для начала усмехнулся: начало было недурно, но Слапачинский, к сожалению, ничего не заметил.

- Чего только не выдумают эти французы! - проговорил, наконец, Иван Александрович, щелкнув пальцем по стеклу перед куклой, изображавшей женщину с опущенной головкой.

Он снова усмехнулся и поглядел на графа. Слапачинский посмотрел на него с удивлением и отодвинулся дальше.

- Граф, граф, не становитесь сюда! - заботливо произнес Свистулькин. - Лампы эти не газовые, спиртовые, и тут часто каплет... посмотрите, какой круг на полу...

- Покорно вас благодарю, - возразил граф и, взглянув на Свистулькина с большим еще удивлением, повернулся спиною и пошел дальше.

- Странный, однакож, человек этот Слапачинский... мог бы, наконец, сказать что-нибудь, не стоит, как я вижу... - пролепетал обиженно-сконфуженным тоном Свистулькин.

Но так как мимо проходили дамы, он быстро провел языком по губам, повернулся на каблуке и запел вполголоса что-то похожее на бравурную арию.

Ему пришла даже мысль последовать за дамами. Слапачинский, точно, не стоит внимания: к тому же он не уйдет: не в первый, не в последний раз встречаются! Свистулькин опередил дам, потом дал им пройти вперед, потом снова опередил их; он готовился уже сделать первый приступ и поднял уже голову, но в эту самую минуту глаза его прямехонько встретились с глазами другого Шамбахера - Готлиба, Шамбахера-сапожника. Иван Александрович имел ровно настолько времени, чтобы кинуться на соседнюю лестницу, ведущую в верхний этаж. Но с Готлибом он был далеко не так счастлив, как с Карлом; Готлиб заметил его, и не успел Иван Александрович перескочить пяток ступеней, как услышал за собою торопливые шаги, и знакомый голос прокричал:

- Господин Свистулькин!.. Господин Свистулькин!..

Отвечать было, разумеется, некогда; Иван Александрович отмеривал ступеню за ступеней, иногда даже по три разом. Очутившись наверху лестницы, он пустился по второй галлерее, потом ринулся в первое встретившееся углубление, взвился в третий этаж, пробежал коридор и снова спустился во второй этаж; все это было делом двух минут, затем, переведя дух, перебрался он чрез мостик на другую половину галлереи, так же быстро спустился вниз и приготовился соскочить с последней ступени, как снова увидел Готлиба Шамбахера, который тотчас же крикнул, но только сильнее прежнего:

- Господин Свистулькин!..

Тут уже нашим героем, пуще всего боявшимся скандала, овладело словно какое-то отчаяние, и неизвестно наконец, куда бы забежал он, если б, очутившись в сенях, не увидел дверей кафе-ресторана Бренфо.

Случись, что в этих самых дверях столкнулся он с Слапачинским, который, нимало не подозревая его крайних обстоятельств, отворял дверь с непостижимой медленностью: все сошло, однакож, благополучно, и дверь захлопнулась за графом и Иваном Александровичем прежде, чем подоспел Шамбахер.

- Ну, теперь все равно, теперь не уйдешь! - вымолвил, стискивая зубы, сапожник. - Обедать не пойду, весь день просижу здесь на одном месте, а уж, Potz-Tausend[37], не выпущу тебя отсюда!..

- Ба! Готлиб! Was machst du da?[38] - раздался за ним голос.

Готлиб обернулся и увидел полное лицо своего родного брата Карла; это заметно облегчило сапожника.

- Тсс... schweig still![39] - сказал он, указывая на дверь кафе-ресторана, - я здесь поймал птицу!

- Какую птицу?.. - спросил Карл, с удивлением глядя на Готлиба.

- А уж такая птица, что ты сам будешь благодарить, - восторженно возразил Готлиб.- Здесь сидит junger Swistulkin![40]

- Э! - радостно произнес Карл.

- Право; он бежал от меня и скрылся здесь, но, Potz-Tausend, теперь не уйдет!..

Карл сказал однакож, что не лучше ли будет прямо войти в кафе и там захватить беглеца.

- У него есть теперь деньги, знаю наверно, - сказал он. - Он в новом пальто и новых панталонах...

- И в новых сапогах! - злобно подхватил Готлиб.

- Наконец, хозяйка его говорила мне, что у него есть деньги, - продолжал Карл. - Он должен мне триста рублей, saperlott![41]

---

[37] Чорт возьми (ред.).

[38] Что ты здесь делаешь? (ред.).

[39] Молчи, тихо (ред.).

[40] Молодой Свистулькин (ред.).

- А мне семьдесят два, Potz-Tausend!

- Я непременно возьму свое, - перебил Карл, - непременно! Я уж распорядился этими тремястами: сейчас только что встретил на Невском сестру Вильгельмину; кажется, дело у них ладится с женихом; я ассигновал эти триста рублей на свадебный подарок Лотхен... Говорят, очень хороший молодой человек... Wunderbar schöne Partie[42]... Право, пойдем лучше в кафе, Готлиб; он там скорее отдаст деньги... Мы приступим к нему перед ganzen Publicum[43], - сейчас отдаст... я их знаю!..

- Pojaluy, - возразил Готлиб, и оба вошли в первую комнату кафе-ресторана.

Но там сидела за конторкой одна пожилая женщина. Шамбахеры поклонились и вступили во вторую комнату, составляющую с этой стороны Пассажа всю принадлежность кафе Бренфо. Тут находились всего на все старик, да еще граф, куривший сигару.

- Что вам угодно, обед?.. - спросил, обращаясь к вошедшим, слуга с жестяным номером на рукаве фрака.

- Bitte um Verzeihung[44], - начал Карл, раскланиваясь перед графом с учтивостью, свойственною одним лишь портным. - Сюда вошел один молодой человек?..

- Да, но он ушел, кажется, в буфет... на другую половину,- отвечал, посмеиваясь, граф, между тем как Готлиб всматривался в комнаты и раз даже взглянул под стол.

- Послушай, любезный, - проговорил Карл, обращаясь к другому лакею, неожиданно явившемуся из буфета, - там, на той половине, молодой человек, который сейчас был здесь...

- Среднего роста, худощавый, с хлыстиком? - спросил лакей.

- Да, да, да! - живо подхватили оба Шамбахера.

- Сейчас был, да вышел, - отвечал лакей.

- Как вышел? Куда вышел?..

- В Пассаж; там ведь у нас другой выход.

При этом известии оба Шамбахера скорчили такие рожи, что граф, за ним старик, за стариком хозяйка, привлеченная из буфета, и, наконец, лакеи разразились смехом.

- Да это просто verfluchter Kerl! - закричали Шамбахеры в один голос.

- Должен мне за три пары сапогов! - яростно подхватил Готлиб.

---

[41] Чорт (ред.).

[42] Замечательно хорошая партия (ред.).

[43] Всей публикой (ред.).

[44] Прошу прощения (ред.).

- Мне триста рублей за пальто, жилет Napolêon и панталоны fantaisie! - подхватил Карл с пеною у рта.

Граф, старик, дама из буфета и за ними слуги разразились новым хохотом.

- Donner Wetter! - воскликнули окончательно уже освирепевшие Шамбахеры, подняли кулаки, вышли из кафе и вскоре покинули Пассаж.


# V

*Как обедают иные*


Лишним было бы, кажется, распространяться о том, как Иван Александрович вступил на вторую половину кафе Бренфо, как прошелся раза два мимо буфета и дал заметить двум сидевшим за конторкою француженкам, что он только что отобедал в первой половине, как поглядел на известный фонтан и бассейн величиною с соусник - бассейн, в котором, с основания кафе, лежат две устричные раковины и плавает рыба (я полагаю, не искусственная ли), - и как затем отворил дверь и вышел в Пассаж. Тут, конечно, не обошлось без необходимых предосторожностей, и не один взгляд направлен был к двери, кверху, вперед, словом, во все стороны. Уверившись, что нигде не было ничего похожего на Шамбахеров, Иван Александрович вздохнул свободнее: точно пудовая гиря свалилась с сердца; тем не менее принялся он отмеривать шаги, которым позавидовал бы любой тамбур-мажор.

"Ну уж денек, вот так денек!" - вот все, казалось, о чем думал он в настоящее время; ему приходила, может статься, мысль и о том, как иногда благодетельны двойные ходы, но мы не можем сказать об этом утвердительно.

Шаг его замедлился не прежде, как очутился он на Невском, против Думы. Иван Александрович зашел под арки нюренбергских лавок и справился перед окном часового мастера о ходе времени. Стрелка показывала половину пятого; давно, по-настоящему, следовало сидеть в одном из лучших кафе-ресторанов за чашкою кофе. Свистулькин сам подумал об этом, но прежде необходимо было купить папирос; папиросы были у него, но они заключались в папиросочнице, а ему нужна была обертка, в которой продают папиросы: граф Слапачинский носил в кармане обертку; мода не была разорительна, и Свистулькин поспешил ей последовать. Из табачной лавки он направил шаги свои в Большую Морскую и немного погодя входил в круглую комнату одного из многочисленных ресторанов этой улицы. Посетителей было мало; за одним только столом сидели трое мужчин, которые, повидимому, сами только что вошли. Иван Александрович занял другой стол, между окном и дверью, опустился в кресло и спросил карту.

- Погоди, братец, мне что-то еще не хочется есть... я подожду... - беспечно сказал он слуге, который ждал приказания.- Дай-ка мне газеты... а впрочем... в ожидании... принеси, пожалуй, чашку кофе...

Произнося это с видом пресыщенного человека, он вынул папиросу, положил пачку на стол, спросил огня и, рассеянно поглядывая на карту, принялся наблюдать посетителей.

"Вот еще новенькое... да у них, вместо галстуков, ленточки, обыкновенные дамские ленточки!.. Как же я не заметил этого прежде!.. Стало быть, только начали носить... досадно: а я только что накупил себе галстуков!" - мысленно произнес Иван Александрович и, внимательно осмотрев ленточки на шее каждого джентльмена, дал себе слово купить точно такие же при выходе из кафе.

- Жорж, - сказал, обращаясь к слуге Егору, один из гостей, господин уже не первой молодости, в черном парике, черных, повидимому крашеных усах и таких же бакенбардах. - Жорж, позови сюда Фурно!

Минуту спустя явился хозяин ресторана, француз в черном фраке и белом галстуке: аппетитная наружность его шла как нельзя более к содержателю трактира; лицо его, пухлое, как дутый малиновый пирог, и очевидно созданное для веселости, приняло, однакож, задумчивое, нахмуренное выражение, как только увидел он трех собеседников. Он отвесил такой сухой поклон, какого не отвешивал еще ни один смертный.

- Bonjour, mon cher Fourneau![45] - необычайно весело и приятно воскликнул господин в черном парике.-Voyons[46], что дадите вы нам нынче хорошенького?.. Quelque chose de fin... hein?[47] Что у вас есть... Постойте, дайте-ка карту... Voyons: potage aux quenelles à la Mênêhoult[48]... Что ж, недурно... а? Как вы думаете, господа, а? Ведь недурно? Следовательно: potage à la Mênêhoult, идет! èa va, hein![49] Смотрите только, mon cher Fourneau, сами наблюдайте! Последний раз как будто le fumet[50]... ну, словом, вы меня понимаете. Есть ли у вас добрый кусок филе?..

---

[45] Здравствуйте, мой дорогой Фурно! (ред.).

[46] Посмотрим (ред.).

[47] Что-нибудь изысканное, э? (ред.).

[48] Суп с фрикадельками а ла Менегу (ред.).

[49] Идет, а! (ред.).

[50] Аппетитный запах (ред.).

- Oui[51]... - отвечал как-то принужденно Фурно.

- Хорошо: так сделайте же нам une bonne culotte de boeuf à la duc d'Enghien[52]..., а впрочем, постойте, можно и à l'estouffade[53]... велите только хорошо обложить зеленью... вареной попросту, в воде... Ну, а какую подливку?.. Что ж вы, господа?.. Voyons, un petit effortl[54].. Да, соус... ну хоть aigrelette à la bourgeoise[55], а впрочем, как знаете; можно, пожалуй, une petite piquante au grand Condê[56]... Артишоки есть?

- Oui... - возразил, нахмуривая брови и вздыхая, Фурно, лицо которого все сильнее и сильнее изображало тоскливое беспокойство.

- Так entrêe[57] сделайте из артишок, знаете, как я люблю,- à la bêrigoule[58], с соусом à la Soubise[59]...

"Ах боже мой, боже мой! - подумал, краснея, Свистулькин. - Хоть бы знал я одно из этих блюд! Срам! Просто срам!.. Придется обедать где-нибудь, начнут заказывать или говорить о кушаньях... того и смотри станешь втупик, как осел какой-нибудь!.."

- После артишоков, - продолжал между тем крашеный господин, поглядывая в карту и задумчиво почесывая переносицу, - дайте нам une bonne poularde en timballe[60]... пирожное macêdoine aux fruit[61]... к водке - canapê[62].

"Хоть бы одно блюдо! Хоть бы одно единое блюдо, - подумал уже с беспокойством Свистулькин, - решительно ничего не знаю, фу, даже в краску бросило! Так нельзя однакож... невозможно..." Тут он торопливо вынул из кармана бумажник и записал на скорую руку некоторые из названных выше блюд; но это, повидимому, не удовлетворило его, и он сказал себе: "Нет, вздор, ни к чему не поведет; нечего, видно, делать, придется соблюдать экономию и на сбереженные деньги спрашивать по карте каждый день хоть одно блюдо... по крайней мере узнаешь тогда, из чего оно делается... и вкус также узнаешь... Удивляюсь, как прежде не пришла мне такая мысль..."

---

[51] Да (ред.).

[52] Филе а ла герцог Энгиенский (ред.).

[53] Тушеное мясо (ред.).

[54] Ну же, маленькое усилие! (ред.).

[55] Кисленький по-мещански (ред.).

[56] Остренький а ла великий Конде (ред.).

[57] Первое блюдо (ред.).

[58] А ла беригуль (ред.).

[59] Субиз (ред.).

[60] Хорошую пулярку, запеченную в тесте (ред.).

[61] Маседуан (смесь) из фруктов (ред.).

[62] Бутерброд (ред.).

- Вино, mon cher Fourneau, - подхватил крашеный господин, - дайте нам следующее: три бутылки лафиту... знаете, того, что я обыкновенно беру...

- A huit roubles?[63] - с испугом произнес Фурно.

- Да, - беспечно отвечал крашеный господин, - потом бутылку хересу... и приготовьте шампанского, только frappé[64]. Все запишете на мой счет!.. - заключил он как бы мимоходом и тотчас же обратился к собеседникам.

Мы сказали, что Свистулькин расположился подле двери; дверь, по уходе Фурно, осталась полурастворенною, и потому, может быть, что Фурно слишком сильно ею хлопнул, Свистулькин мог, следовательно, видеть, как Фурно, войдя в буфет, упал в кресло подле жены и отчаянно схватил себя обеими руками за волосы. Иван Александрович ничего почти не слышал из разговора супругов; он видел только, как жена старалась всеми мерами успокоить мужа и как муж, в ответ на ее ласки, схватывал себя за волосы и восклицал на чистейшем парижском наречии: "Счет! Вечно счет! И никогда гроша денег!.. Они решительно хотят моего разорения, sapristi!.."[65]

Наблюдения Свистулькина были прерваны слугою, который поставил перед ним кофе.

- Заметил ли ты, как будто Фурно сегодня не в духе! - сказал один из собеседников, обращаясь с улыбкою к господину в крашеных бакенах.

- Очень натурально, - заметил, смеясь, другой собеседник, - как ты хочешь, чтоб он был в духе, когда под самым его носом расположился новый ресторан! Каждый день Фурно видит из своих окон, как Жамбон отнимает у него посетителей!..

- Отчасти правда, - возразил джентльмен с крашеными бакенами, - но главная причина совсем не в том; я сегодня завтракал здесь, и Фурно рассказал мне свое горе: его огорчает Пейпусов, - примолвил он, посмеиваясь.

- Каким образом?

- А таким образом, что Пейпусов ходил к Фурно два года сряду, задолжал ему две тысячи - вдруг исчез - и оказалось, что он обедает теперь каждый день у Жамбона...

- Может ли быть?.. Ха-ха, бедный Фурно! Ха-ха-ха!.. - разразились два собеседника.

---

[63] По восемь рублей (ред.).

[64] Замороженного (ред.).

[65] Чорт возьми (ред.).

- Что ж тут удивительного? - спокойно проговорил крашеный господин, который имел полное право не удивляться поступку Пейпусова по двум причинам: во-первых, потому, что истинный джентльмен ничему не должен удивляться, это необходимый закон du comme il faut; во-вторых, потому, что, сколько известно, крашеный господин находился к Жамбону в таких же точно отношениях, как Пейпусов к Фурно.

Как бы там ни было, но не прошло четверти часа после ухода Фурно, и суп à la Mênêhoult явился перед тремя собеседниками.

- Человек, - сказал Свистулькин, успевший в это время перечесть несколько раз карту и заметить замысловатые имена некоторых блюд, которыми думал начать свое гастрономическое воспитание. - Человек, дай мне... вот этот номер... номер шестидесятый...

- Пломбьер-с? - спросил удивленный лакей.

- Да, пломбьер...- отвечал нерешительно Иван Александрович и взглянул украдкою на трех собеседников, но те не обращали на него внимания.

Лакей вышел заказывать пломбьер, и Свистулькин, закрыв лицо картой, принялся еще усерднее наблюдать джентльменов, с целью узнать, из чего состоит суп Mênêhoult; в случае надобности он не станет теперь втупик и завтра же сообщит семейству Беккера, что суп этот принадлежит к числу его любимых. Наблюдения Ивана Александровича ограничились одним супом, потому что вместе со вторым блюдом в комнату явилось новое лицо, которое мгновенно приковало его любопытство.

Новое это лицо представляло из себя непомерно долговязого и тощего господина, насквозь, казалось, прошпигованного скукой и апатией; вытянутые черты его, острый, засушенный нос и утомленные глаза уныло смотрели в землю, что придавало ему необычайное сходство с куликом, у которого только что убили самку.

- А! Берендеев, здравствуй, cher![66] - воскликнули три собеседника.

Берендеев флегматически протянул им руку, зевнул и медленно опустился в кресло.

- Откуда? - спросил господин с бакенами.

- С Английской набережной...

- Много народу?

- Ску-у-ка! - зевая, как бы нехотя проговорил Берендеев и вытянул длинные ноги, причем каблуки его пришлись прямо в центр круглой комнаты.

- Вечно одна и та же песня; да где ж, братец, весело-то?

- Нигде...

---

[66] Дорогой (ред.).

- Давно ли из деревни! Давно ли в Петербурге - и уже скучаешь!.. С чего бы, кажется?.. Общество начинает съезжаться, город оживляется, каждый день бал или вечер... Время бесподобное... Нынче, например, такое небо, такое солнце, хоть бы в июле - право!

- Мне солнце надоело до смерти! - простонал Берендеев и как бы в подтверждение зажмурил глаза.

- Что ж тебе не надоело?

- Все-о-о! - зевая, отвечал Берендеев.

Три собеседника засмеялись.

- Тем не менее, однакож, - сказал господин в парике, - надеюсь, ты будешь на бале у княгини Z. на будущей неделе?

- Нет... о-о! - зевнул Берендеев.

- Но отчего же?

- Скука!

- Да что скука-то? Этак, братец, жить не стоит, право! Я не вижу причины, почему тебе не ехать: во-первых, будет весь город; ты встретишь всех знакомых, с которыми не видался почти два года... хорошеньких будет гибель... право, поезжай!

- Одно то, что надо ехать прежде о визитом, - с усилием проговорил Берендеев, - я еще у нее не был.

"Ах, господи! Ведь существуют же такие чудаки на свете! - с досадою подумал Иван Александрович. - Как! Может ехать на бал к княгине Z. и не хочет... Ах, боже мой, боже мой!" - заключил он, бросая почти презрительный взгляд на Берендеева; но тотчас же перенес глаза к пломбьеру, который явился перед ним на столе.

"А, так вот он, шестидесятый-то номер! Пломбьер!- рассуждал Свистулькин. - Да это, как я вижу, попросту сливочное мороженое... только фрукты внутри... а я думал, невесть что такое... не стоило спрашивать".

Оставалось узнать вкус; Иван Александрович, конечно, не оставил бы на тарелке чем угостить сороку, если б поблизости случился хлеб, потому что был адски голоден, но хлеба не нашлось; пломбьер без хлеба показался ему до того приторным, особенно на тощий желудок, что он оставил его почти нетронутым. Во все это время слух его не пропускал ни слова из того, что говорилось подле.

- Никакой нет надобности делать тебе визита, - повествовал все тот же крашеный господин, - если ты только намерен ехать на бал, что я тебе советую, заезжай к княгине в три часа: ни ее, ни князя в эту пору не бывает дома... Отдай швейцару карточку; он запишет твой адрес, а дня за два, за три до бала, как это водится, тебе пришлют по адресу приглашение; вот и все тут.

"Я не знал этого, - сказал сам себе ошеломленный Иван Александрович, - неужто это так просто?.. Записавшись у швейцара, можно, следовательно..."

Но тут Берендеев спросил адрес княгини, и Свистулькин затаил дыхание, чтобы не проронить ни слова, прислушиваясь к названию дома и улицы; он вынул бумажник, записал адрес княгини и тут же кстати приписал для памяти: "Пломбьер: сливочное мороженое с плодами внутри, пахнет ромом". Положив бумажник на стол, чтобы в случае надобности не лазить за ним в карман, он закурил новую папироску и снова приготовился слушать джентльменов, но дверь отворилась, и в комнату вошел граф Слапачинский. Щеки Свистулькина мгновенно покрылись румянцем; но это тотчас же прошло, когда, обсудив все обстоятельства происшествия с Шамбахером, он пришел к заключению, что Слапачинский ничего не мог подозревать.

Слапачинский, точно, ничего не подозревал; но едва только Иван Александрович вышел в буфет, - Свистулькин всегда лично рассчитывался в заведениях, где находилась хорошенькая хозяйка или dame de comptoir[67], - граф Слапачинский залился хохотом. Хохот этот дошел до Свистулькина в ту самую минуту, как он выкладывал деньги на конторку и обворожительно улыбался m-me Фурно. Иван Александрович не обратил ни малейшего внимания на веселость графа; он сказал даже какую-то любезность госпоже Фурно и, без сомнения, не замедлил бы вернуться в соседнюю комнату, если б вслед за хохотом не услышал следующего.

- Ты разве его знаешь? - спросил знакомый голос, очевидно принадлежавший господину с крашеными бакенами.

- Не имею понятия, - смеясь, отвечал граф, - знаю только, что это господин, который не платит своему сапожнику... сегодня утром, часа в три...

Но Свистулькину уже в совершенстве известно было происшествие утра; оно так даже надоело ему, что он тут же решился скорее избавиться от дальнейших сведений.

- Человек, - сказал он, запрятывая сдачу в карман и торопливо поворачиваясь к вошедшему слуге, - пожалуйста, любезный, возьми в круглой комнате, рядом, возьми мою шляпу и пальто... дай их сюда... но скорее... я тороплюсь...

Вслед за тем Иван Александрович запел незнакомую какую-то арию, повернулся на каблуке перед конторкой, торопливо надел пальто и шляпу, поклонился Фурно и так же торопливо отворил стеклянную дверь,

---

[67] Конторщица (ред.).

уставленную рядами банок с вареньем и страсбургскими пирогами. На первой ступени подъезда, против которого стояли три кареты со спавшими на козлах кучерами, Свистулькин остановился; к подъезду подходили две дамы, и это обстоятельство, казалось, мгновенно привело в порядок его встревоженные мысли.

- Иван! - крикнул он, все еще держась на верхней ступени. Все три кучера разом встрепенулись и схватили вожжи, но, увидя незнакомого господина, снова улеглись на козлы. Иван Александрович терпеливо выждал минуту, когда подходившие дамы очутились в трех шагах от подъезда.

- Иван! - закричал он тогда звучным, внятным голосом. - Иван! Вечно запаздывает! Эй, кучера, скажите, когда приедет моя карета, - кучера зовут Иваном, - чтоб он ехал в Английский клуб!

Иван Александрович бросил ласковый взгляд проходившим дамам, спустился с подъезда и, закинув руки за спину, с видом рассеянным и беспечным пошел по тротуару Морской.

# VI

*Бенефисный спектакль*

Иван Александрович не был злопамятен; в десяти шагах от кафе-ресторана злополучного Фурно вы не нашли бы на лице его признака неудовольствия, он как будто забыл о происшедшей неприятности. Улыбка, появившаяся на губах его при виде двух дам, не покидала лица; на Невском проспекте в чертах Ивана Александровича появилось даже что-то восторженное; чем далее подвигался он вперед, тем менее можно было догадаться, чтобы, за три минуты, душа этого юноши подвержена была сильному потрясению. Прошу еще заметить, во всем этом не было тени принуждения, и, наконец, не для кого было подавлять настоящие свои чувствования: на Невском встречались лишь редкие пешеходы, да и тех едва можно было рассмотреть в густом сером тумане; наступавшие сумерки сырого осеннего вечера усиливали мрак; фонари только что зажигались.

Мгновенно вспыхнувший рожок газа за зеркальным окном, увешанным галстуками, невольно привел Свистулькину на мысль трех приятелей с ленточками на шее; за этим воспоминанием последовало бы, без сомнения, другое, менее приятное, если б он не поспешил войти в магазин; его вовлекло также отчасти и любопытство; хотелось осведомиться, много ли покупают галстуков в виде ленточек, в большом ли они ходу и как их называют. Название à la papillon[68], сообщенное французом, не удовлетворило любопытства Ивана Александровича; он захотел испробовать на своей собственной шее действие ленточки и, пылкий, нетерпеливый во всех случаях жизни, приказал завернуть пару; расположение его духа сделалось вдруг как словно еще лучше, и встреться он при выходе из магазина с Слапачинским, я уверен, он дружески протянул бы ему руку.

Скучно, однакож, на Невском в начале сумерек; куда деваться? В кафе Пассажа итти нет охоты, да и незачем! С тех пор как Иван Александрович познакомился с Беккерами, объявления о продающихся домах находят в нем равнодушного читателя. Что же делать?.. Куда деваться?.. Этакая скука!.. Размышляя таким образом, Свистулькин машинально перешел на другую сторону тротуара, против здания Публичной библиотеки, и так же машинально последовал за пешеходами, направлявшимися к Александрийскому театру.

Окна театра и арки, его окружающие, блистали огнями; подле заметно было некоторое движение: кой-где, в тусклых лучах света, прорезывающих туман и темноту, мелькали пешеходы, иногда даже целые семейства, прикрывающиеся одним зонтиком; по площади, кряхтя и фыркая, тащились извозчичьи клячи; все это, проходя или проезжая мимо лотков с яблоками, мимо извозчичьих дрожек, уже доставивших публику, направлялось к освещенным подъездам театра.

"Странно, как мало сегодня публики... почти ни одной кареты!" - сказал сам себе Иван Александрович.

Отсутствие карет тотчас же объяснилось, как только Свистулькин прочел при свете фонаря объявление о немецком спектакле. Афиша возвещала какой-то Abendunterhaltung[69] в пользу какой-то госпожи; затем следовал бесконечный ряд пьес, с названием каждого акта порознь: ein Trauerspiel[70] в пяти актах: две Lustspiel[71], каждая в двух действиях, две Posse[72] и две драматические Lecture[73] заканчивали Soirêe[74].

---

[68] Бабочкой (ред.).

[69] Вечер (ред.).

[70] Трагедия (ред.).

[71] Комедии (ред.).

[72] Шутки (ред.).

[73] Чтения (ред.).

[74] Вечер (ред.).

Свистулькин знал по-немецки всего несколько слов; он, весьма натурально, ничего почти не понял из афиши, хотя прочел ее до конца.

"Все равно, - подумал он, - зайду в театр, послушаю музыку, погляжу на публику... между немками много хорошеньких... погляжу на актрис... ведь в театр ходят всегда скорее глазеть, чем слушать: все равно, значит, на каком бы языке ни была пьеса... главное дело, вечер пройдет все-таки во сто раз приятнее, чем дома... к Беккерам пойду завтра... О, завтра! Завтра - великий день!.."

И в самом деле, почему ж не доставить себе невинного удовольствия, особенно когда оно ничего не стоит. Ему (так говорил он мне, а я всегда привык ему слепо верить и нет, наконец, причины поступать иначе) - ему все знакомы были в театре, решительно все, начиная с кассира и кончая последним сторожем; не помню хорошенько, кажется, он сказывал мне, что главный смотритель театра приходился ему сродни... именно так! И точно, войдя в сени, он миновал кассу, прямо направился ко входу в кресла и, отдав пальто капельдинеру, спросил только: "Начали?.."

Получив утвердительный ответ и не желая, вероятно из чувства деликатности, беспокоить публику, он поднялся в буфет и начал прогуливаться из угла в угол; так продолжалось до тех пор, пока не наступил антракт и публика не разбрелась по коридорам. Он снова сошел тогда вниз и стал прогуливаться, стараясь держаться как можно ближе ко входу в кресла. Публика входила и выходила, но Свистулькин мало обращал на нее внимания: во-первых, она состояла больше из мужчин; во-вторых, он не знал ни одного немца в Петербурге, кроме Беккеров и Шамбахеров.

Наконец раздалась увертюра; со всех сторон послышалось: man fängt an! - начинают! Коридорная публика ринулась к дверям кресел и повлекла за собою Свистулькина с такою быстротой, что не успел он опомниться, как сидел уже в покойных креслах и чуть ли, кажется, не в третьем ряду. Приведя в порядок галстучный бант и тряхнув головою, Иван Александрович повернулся спиною к сцене и, грациозно выгнув спину на спинке кресел, окинул взором дам, сидевших в ложах.

- Позвольте, - сказал ему в ту же минуту по-немецки какой-то господин, - вы заняли мое место...

- Ах, виноват, сто раз виноват! - проговорил Свистулькин с утонченною деликатностью, поспешно пересел на соседнее кресло и принялся глядеть на бельэтаж.

- Милостивый государь, вы сели на мое место, - сказал ему другой господин, показывая билет.

- Ах, виноват, виноват, сто раз виноват... - вымолвил Иван

Александрович и, наступив второпях на три, четыре соседние ноги, расположился далее.

Но едва успел он бросить взгляд на ложи, как снова услышал:

- Позвольте, это мое место.

Встретилась уже надобность перейти в другой ряд, потому что подле не оказывалось свободных мест.

Неизвестно, сколько мест переменил он таким образом во все продолжение увертюры и даже в начале Trauerspiel, известно только, что во время этих кочеваний нашего героя какой-то высокий господин, сидевший с самого начала спектакля у входа, не спускал с него глаз; куда бы ни двинулся Иван Александрович, куда бы ни сел - пронзительные глаза незнакомца бегали за ним, как кошка за мышью. Наконец, как только опустился занавес после действия Trauerspiel, высокий господин привстал с места, приблизился к Ивану Александровичу и расположился подле.

- Удивительно, как мало сегодня публики, - сказал незнакомец после минутного молчания.

- Да... жаль, очень мало! - поспешил заметить Иван Александрович с тою любезностью, какую обнаруживаем мы, когда видим, что заискивают нашего знакомства. - Впрочем, это потому, - присовокупил он, - что сегодня немецкий спектакль; у немцев всегда мало публики, особенно в бенефисы... ведь двойная цена! - заключил он с насмешливой улыбкой.

- Вы часто, верно, бываете в театре? - спросил незнакомец.

- Всякий день, - беспечно отвечал Свистулькин, - скучно, знаете... надо же как-нибудь убить время от семи часов до десяти! Вечера начинаются у нас так поздно... Впрочем, здесь, у немцев, я бываю довольно редко... скука!.. - прибавил он, случайно припомнив одно из движений флегматического джентльмена, виденного им в кафе. - Я больше бываю в итальянской опере.

- Шт! Шт!.. - зашипело вокруг, и несколько раскрасневшихся лиц с выражением далеко не ласковым обратились к разговаривающим.

- Это нам... - шепнул незнакомец, углубляясь в кресло.

Свистулькин последовал его примеру, и оба молчали до тех пор, пока не опустилась занавесь.

- Вы говорили, кажется, что предпочитаете немецкому спектаклю итальянскую оперу, - начал незнакомец, - о, разумеется, какое же сравнение!.. Но знаете, не всякому доступно, дорого...

- Смотря по тому, как!.. - отвечал Свистулькин. - Вот мне так и опера ничего не стоит... и если я плачу иногда, так это, собственно, потому, что совестно, наконец, всегда пользоваться...

- У вас, верно, знакомые? - сказал невинным голосом незнакомец, но устремил, однакож, пытливый взгляд на собеседника.

- Да как вам сказать, все знакомы! - смеясь, подхватил Иван Александрович.

- Это очень приятно... очень!.. Вероятно, и здесь также есть знакомые? - продолжал расспрашивать незнакомец.

- Здесь все - и кассир и остальные... а впрочем, больше мне здесь знаком старший смотритель.

На лице незнакомца изобразилось удивление; но это продолжалось секунду, и он снова обратился к соседу.

- Давно вы с ним знакомы? - спросил он, причем лицо его как-то особенно исказилось, как у человека, силящегося удержать смех.

- С детства... мы с ним вместе воспитывались... добрый малый... - поспешил сообщить Иван Александрович.

Тут лицо незнакомца неожиданно расширилось, рот открылся, и удушливый хохот вырвался из его горла. Иван Александрович взглянул на него с удивлением. Смех незнакомца усилился, так что многие лица, оставшиеся в креслах, обратили на него внимание.

- Покорно вас благодарю, - сказал он Свистульькину, как только прошел неожиданный порыв его веселости.

- За что-с? - спросил Иван Александрович, почувствовавший вдруг, ни с того ни с сего, страшную неловкость.

- Да как же, - сказал незнакомец - тут он наклонился к уху соседа и добавил шопотом: - как же, вы сделали обо мне такой лестный отзыв... ведь старший-то смотритель - я!..

- Как, помилуйте... это не то... совсем не то... - пробормотал Свистулькин с таким замешательством, как будто люстра сорвалась с потолка и упала к его ногам.

- Могу вас уверить, - спокойно возразил смотритель.

- Ах, боже мой... как же это... как же так... - бормотал Иван Александрович, у которого вдруг пересох язык и горло, - я ничего... право, я только так, и, наконец, может быть... вы здесь недавно...

- Как вам сказать, я уже здесь без малого пятнадцать лет смотрителем, - возразил смотритель. - Пойдемте в коридор, вы увидите, что я вас не обманываю, - добавил он, приглашая к дверям Свистулькина, который торопливо за ним последовал, не смея поднять глаз.

Вся эта сцена была замечена несколькими зрителями, не только в креслах, но даже и в ложах; Ивана Александровича обжигали направленные на него взгляды; сквозь туман, застилавший глаза его, он видел улыбки: пробираясь за смотрителем, он услышал даже, как немец, которому наступил он на ногу, смеясь произнес под самым его носом: "Mit Skandal und Trompeten!"[75] И точно: едва Иван Александрович достигнул

---

[75] Со скандалом и с музыкой (буквально: с трубами) (ред.).

середины залы, грянула увертюра. Еще минута - и нашему герою сделалось бы дурно, но минуты этой было довольно, чтобы очутиться в коридоре.

- Господин смотритель... Я вас умоляю... бога ради!.. - торопливо прошептал Иван Александрович, возводя умоляющие глаза на смотрителя и стараясь схватить его руку, как только они очутились в коридоре и их окружили капельдинеры. - Господин смотритель... пощадите!.. - подхватил Свистулькин, находившийся в полной уверенности, что его тотчас же схватят, повлекут и предадут какому-нибудь постыдному наказанию. - Я ведь это так только... молодость... неопытность... я... я никогда больше не буду... клянусь вам!..

Смотритель засмеялся.

- Ну, теперь прощайте, - сказал он, - а впрочем, вы, может быть, хотите вернуться в кресла? В таком случае советую вам прежде зайти в кассу и взять билет...

Сказав это, смотритель повернулся спиною и пошел своею дорогой.

Иван Александрович, как можете себе представить, недолго оставался на одном месте; полминуты достало ему, чтобы отыскать пальто; еще половина минуты - и он удалялся от наружных сводов, окружающих здание театра. Досада его была на этот раз столько же сильна, сколько продолжительна, и, казалось, даже переходила в бешенство; он шел с сжатыми губами и стиснутыми кулаками. Отойдя на некоторое расстояние от извозчиков и продавцов яблок, он вдруг остановился и нанес себе такой удар в шею, потом в плечо и потом в ногу, что, будь эти удары нанесены чужим кулаком, а не собственным, они бы непременно свалили с ног нашего героя. "Дурак! Дрянь! Лгунишка!.. Поделом тебе!.. Поделом!.." - произнес в то же время Иван Александрович и, оглянувшись назад, принялся снова наделять себя пинками. Самый кроткий человек способен прийти в некоторую степень остервенения, когда в забывчивости мгновенно вспыхнувшего негодования дойдет до того, что начнет драться; и нет сомнения, Свистулькин кончил бы тем, что прижал бы себя в темный угол и разбил бы себя вдребезги, если б не очутился заблаговременно на Невском проспекте. Невский сиял теперь тысячами огней; народа гуляло множество; поневоле надо было укротить внешние порывы гнева; негодование, остановленное таким образом в самом сильном своем пароксизме и не находя выхода, должно было, натурально, устремиться в глубину и без того уже взволнованной души нашего героя.

Не могу сказать утвердительно, что более всего на него подействовало: блистательное ли освещение Невского проспекта, веселые ли толпы гуляющих, или же, наконец, по свойственной ему доброте сердца, стало жаль ему самого себя, - но только гнев его начал постепенно смягчаться, и вместе с тем прояснились и самые мысли.

"Ведь бывают же такие дни, что ничего, решительно ничего не удается! - подумал он с заметным снисхождением. - Одна неприятность за другою! И зачем дернула меня нелегкая пойти в этот театр!.. Добро бы в самом деле было там что-нибудь такое... балет какой-нибудь... а то бенефис какой-то! - Очень нужно... невидаль какая! И за все это столько неудовольствия... Вот день! Я уж и не знаю, что такое... встреча с Шамбахерами... потом этот граф... потом здесь, в театре..."

- Ах, виноват, сударыня! Сто тысяч раз виноват!

Последнее восклицание, сделанное громко, обращалось к даме, которую нечаянно задел он локтем.

- Ничего, не беспокойтесь... - промолвила дама, ускоряя шаг.

- Как!.. Помилуйте... я вас толкнул... - подхватил Свистулькин, грустные мысли которого мгновенно перевернулись вверх дном, как перевертываются билеты лотереи-аллегри при повороте колеса.

Ему пришло даже на ум предложить даме свои услуги; он намекнул что-то о позднем времени и неудобстве прогуливаться в такую пору, но, к сожалению, дама исчезла в первых же воротах, и Свистулькин снова остался один посреди тротуара. Но все равно, мысли его, благодаря этому толчку, прояснились и приняли далеко уже не такой мрачный характер, каким отличались при выходе из театра.

"Впрочем, - рассуждал он, поворачивая с Невского на Владимирскую, - я очень рад, что зашел сегодня к Фурно... право, рад! Этот черноволосый господин сообщил мне очень хорошую новость... я прежде не знал этого... никак даже не подозревал! Завтра же отправлюсь... Он сказал, в три часа... Именно он так и сказал: в это время князь и княгиня Z. не бывают дома... Вечером пойду к Беккерам... Страшный, однакож, этот завтрашний день! Завтра! - Решительный удар... За Лотхен можно ручаться... нынешнее пожатие руки мне много доказало... я не сомневаюсь... в матери я также уверен... что же касается до отца... а впрочем, и отец ничего... И тогда, тогда... все разом переменится! Грустно однакож, как подумаешь обо всем этом... право, грустно!.. Итак, завтра в три часа! - присовокупил он после минутного раздумья. - В три часа непременно буду!" - заключил неожиданно Иван Александрович.

При этом он сильно потер руками и просвистел какую-то трель, и уже потом, во все время как подходил к дому, не переставал напевать и насвистывать разные арии; так что, встреться кто-нибудь с Свистулькиным на лестнице его квартиры, всякий остался бы в полном убеждении, что Свистулькин провел этот вечер с неизъяснимым наслаждением.

# VII

*Хлопотливое утро*

На другой день, несмотря на отвратительную погоду: ветер, туман, изморось, которая серебрила кровли и тротуары и наделяла насморком каждого, кто только покушался высунуть нос на улицу, - несмотря на все это, можно было видеть Ивана Александровича, прогуливающегося взад и вперед по набережной Фонтанки, в двадцати шагах от дома княгини Z. Было около двух часов пополудни. Он явился так рано не из нетерпения или излишней аккуратности: ему хотелось лично присутствовать при отъезде князя и княгини. В основании такого намерения лежало больше обдуманности, чем можно полагать с первого разу: что было бы хорошего, если б Иван Александрович, подкатив ровно в три часа к княжескому дому и войдя в швейцарскую, столкнулся бы на лестнице с хозяевами, которые готовились ехать гулять или, вернее, отдавать визиты? Могло также случиться, что на вопрос Свистулькина: "Дома ли княгиня?" швейцар отвечал бы: "Дома!" Еще легче могло случиться, что Иван Александрович, влетев опрометчиво в швейцарскую, был бы застигнут хозяевами, вернувшимися с прогулки раньше обыкновенного по случаю скверной погоды. Не лучше ли прийти часом раньше и избегнуть всех этих столкновений?

Спора нет, невесело ходить взад и вперед по скользкой мостовой, придерживать каждую секунду шляпу и думать, что при малейшем неосторожном движении ее унесет в Фонтанку. Не всякий также решится провести более часу под изморосью и на холодном ветре без крайне побудительной причины. Но человек человеку рознь; что значило, например, для Ивана Александровича, у которого достало энергии и характера питаться три месяца сухими булками для приобретения брелоков, - что значило, говорю я, для такого человека простоять час на ветре и претерпеть стужу? Последствия одни: насморк - это всем известно; у Ивана Александровича перебывало уже столько насморков, что одним больше, одним меньше - все равно. И наконец, что такое насморк, когда впереди предстоит бал у княгини Z.? Если рассудить хорошенько, окажется, что ни одно удовольствие, как бы оно ни казалось с первого взгляда ничтожным, даровым или дешевым, ни одно удовольствие не обходится без жертвы; жертва кроется в основании каждой радости, каждого увеселения.

Свистулькин прошелся, однакож, уж раз сто мимо дома, а князь и княгиня все еще не выезжали; не было даже признака к выезду; дверь, или, лучше сказать, подъезд отеля, устроенный в виде готического фонаря, был глухо заперт; карета не стояла подле тротуара.

"Уж полно, поедут ли они в такую погоду?.." Иван Александрович пожалел в тысячный раз, что у него не было часов, - как знать, может быть теперь далеко еще до трех часов? Известно, ничто так не затягивает время, как ожидание.

Несмотря на свою твердость и терпение, Свистулькин начал чувствовать нестерпимый холод. Напрасно ходил он ускоренным шагом; напрасно подымал воротник; напрасно просовывал руку между пуговицами пальто и старался прижать ее как можно плотнее к груди - ветер пробирался всюду. Особенно сильно донимало ему горло, украшенное ленточкой à la papillon, с красиво откинутыми воротничками рубашки; он начал уже каяться, что не надел cache-nez,[76] славного шерстяного платка, приобретенного в голландском магазине и выбранного по образцу cache-nez графа Слапачинского: те же клетки, тот же цвет, та же материя. Точно, он поступил на этот раз необдуманно. Никто, конечно, не станет спорить против удовольствия гулять с ленточкой на шее; но для этого нужна хорошая погода, нужен Невский проспект, наполненный публикой; теперь же улицы пусты, изредка попадаются синие и зеленые зонтики, из-под которых выглядывают загрязненные сапоги и галоши; очевидно, не стоит подвергать свою шею простуде!

"Нет, так уж и быть, все равно! -подумал Иван Александрович, схватываясь за горло, начинавшее щемить не на шутку. - Ждал целый час, подожду заодно уж; уйдешь, пожалуй, а тут как раз дело и сделается... все равно, уж лучше подождать!.."

Едва заключил он, как из-за угла показалась великолепная карета, запряженная парою серых коней, которыми правил чудовищно толстый кучер с черною крашеной бородой, доходившей чуть не до пояса. "Это карета княгини Z.", - внутренне сказал себе Иван Александрович, отходя немного поодаль и принимая наблюдательную позу. Он не ошибся; карета, сделав круг, подкатила к готическому подъезду и остановилась.

В ту же минуту на подъезде явился швейцар в гороховом сюртуке, таких же штиблетах и темной, обшитой позументом портупее, которая закрывала его широкую грудь; за швейцаром, выступил лакей в богатой ливрее. Отворив дверцы кареты я окшнув ступеньки с поспешностью, лакей и швейцар, торопливо вернувшись к подъезду, подхватили под руки даму в лиловой шляпке и посадили ее в экипаж; таким же порядком

---

[76] Кашне (ред.).

подхватили они полного господина в синей бекеше и посадили его подле дамы; после этого лакей вскочил на козлы, и карета помчалась вперед, оставив швейцара, который принялся отдувать щеки и оглядывать улицу с само довольствием человека, добросовестно исполнившего свои обязанности.

Иван Александрович, конечно, не столь был глуп, чтобы дать себя заметить швейцару: он понял очень хорошо, что вид молодого человека, прогуливающегося под изморосью, не только произведет дурное впечатление на швейцара, но легко даже возбудит в нем подозрение, повредит репутации молодого человека. Свистулькину хотелось только лично удостовериться в отъезде князя и княгини, и едва показались они на подъезде, он быстрыми шагами удалился. Достигнув конца набережной, Иван Александрович повернул за угол и, не теряя времени, направился к бирже, где стояли извозчичьи экипажи. Несравненно было бы дешевле нанять пролетку, если уж на то пошло; Иван Александрович взял, однакож, карету: дело в том, что швейцар сильно озадачил нашего героя, и он невольно подумал: "Неловко как-то... к тому же не бог знает какое разоренье! Все лучше: иначе даже как-то смотрят, когда подъедешь в карете..." Минут пять спустя он подкатывал к подъезду и не без волнения, весьма, впрочем, извинительного, вступил во внутренность готического фонаря; неловкость его, очень натурально, должна была увеличиться, когда он увидел себя окруженным тремя дверями и не знал, которая из них была настоящая: толкнулся в переднюю дверь - не поддается, толкнулся направо - тот же результат... Что же это такое?

- Пожалуйте... здесь-с!- произнес позади его басистый голос.

Свистулькин обернулся и увидел швейцара.

- Дома князь? - спросил он с непринужденностью, которой вовсе нельзя было ожидать.

- Только что изволили уехать...

- Какая досада! - произнес Иван Александрович, входя в переднюю, обшитую дубом, и отыскивая глазами зеркало. Ему хотелось скорей удостовериться, не было ли в туалете его какого-нибудь расстройства, которое могло бы неприятно поразить швейцара. - Какая досада, - подхватил он, - я только что приехал из... из Одессы... и очень желал бы видеть...

- Пожалуйте в четыре часа, их сиятельство будет дома, - сказал швейцар.

- Никак нельзя... я тотчас же еду в Петергоф.

- Как прикажете записать? - спросил швейцар.

- Запиши... - проговорил Иван Александрович, у которого дрогнуло сердце, - запиши... Кабинетская улица... дом Мурашкина...

- Мурашкина? - спросил швейцар, развертывая книгу и придвигая чернильницу.

- Да... Мурашкина... - ответил Свистулькин, досадливо тряхнув головою.

- Напиши: Иван Александрович... мм... м... Свис... тулькин...

Последнее слово Иван Александрович пробормотал скороговоркою и бессвязно.

- Граф? - вопросительно промычал швейцар.

- Нет... граф это мой двоюродный брат... напиши просто: Свистулькин... Иван Александрович...

Проговорив это, Свистулькин надел шляпу, - в замешательстве своем он имел неосторожность снять ее, только потом уже догадался он, как поступил неосторожно, - и снова очутился в готическом фонаре.

- Не беспокойся, любезный, я сам... - я всегда сам, - произнес он, опираясь, однакож, очень охотно на руки швейцара, который посадил его в карету.

- Куда прикажете ехать? - спросил извозчик.

- Пошел на Невский! - крикнул Иван Александрович.

"Глупейшая фамилия!.. - подумал он с досадою. - Свистулькин! - даже выговорить не хочется! Хотя бы Свистяков или Свистуляков - что ли!.. Мало ли фамилий... можно, наконец, Свистулинский... Свистокин... Свистулякин! А то Свистулькин... глупо, просто глупо! Как-то даже неблагозвучно, право!.. Нечего сказать, хорош также и дом: Мурашкина - как словно одно к одному... напрасно не переехал я... впрочем, недолго остается жить: еще месяц - и заживу, может быть, в собственном!" - заключил Иван Александрович, мысленно переносясь к Беккерам.

Неудовольствие, отпечатавшееся в чертах его, стало мало-помалу проясняться; лицо его повеселело и приняло даже выражение гордости, когда карета выехала на Невский.

Несмотря на сильный ветер, дувший прямо навстречу и немилосердно хватавший за горло, и без того уже сильно щемившее, Иван Александрович ни разу не откинулся на дно кареты, голова его целиком почти выставлялась из каретного окна. У Аничкина моста он приказал остановиться, выпрыгнул на тротуар, сделал шагов двадцать, кивнул пальцем извозчику, снова сел и поехал далее. У Гостиного двора он опять остановился; не стоило вылезать из кареты, чтобы пройтись под арками Гостиного двора; Иван Александрович зашел в первую попавшуюся лавку и, сам не зная, как и зачем, купил пресс-папье. Подозвав пальцем извозчика, он покатил далее.

Против Милютиных лавок повторилась та же история; он выпрыгнул на тротуар и, чтобы придать цель остановке, вошел в первую попавшуюся дверь. Было бы, разумеется, крайне неловко спросить один фунт сыру у купца, высадившего его из кареты. Свистулькин потребовал пять фунтов, дав заметить при этом, что берет единственно для пробы, и берет в этой лавке потому собственно, что многие его знакомые хвалили ему и хозяина и качество его сыра.

Снова указательный палец Свистулькина задвигался в воздухе, и снова поехал он далее. На Невском он выходил бессчетное число раз и возвращался в карету всегда с одинаковым приемом: кивнет указательным пальцем, минуты полторы постоит на тротуаре и, как только кто-нибудь покажется в окне или на улице, отворит дверцы, сядет, крикнет: "пошел" и едет дальше. Наконец он велел повернуть на Екатерининский канал, выбрал довольно уединенное место и приказал остановиться.

- Сколько тебе следует? - отрывисто спросил он у извозчика, как будто был им недоволен.

Странно было бы, если б извозчик запросил менее трех целковых; так и случилось, и это обстоятельство мгновенно возбудило негодование Ивана Александровича.

"Вот славно, - подумал он, стискивая губы, - три целковых пресс-папье, два с половиною целковых сыр... Теперь этому еще три целковых... да это просто разоренье - просто мошенничество!" Иван Александрович начал бранить извозчика и, нет сомнения, затеял бы историю, но в это время мимо проходила какая-то нищая баба; Иван Александрович, не желая, вероятно, компрометировать свое достоинство, тотчас же заплатил требуемую сумму.

Чтобы попасть в кафе, - было уже четыре часа, и желудок Свистулькина настоятельно требовал обычных двух пирожков или порции макарон, - ему следовало вернуться на Невский. Но как явиться на этой улице с двумя полновесными пакетами подмышкой? Нельзя, очевидно нельзя! Особенно сильно смущал Ивана Александровича сыр; пресс-папье все-таки вещь благородная; пресс-папье ни в каком случае не может компрометировать; но сыр! Когда же видано, чтоб человек с модною ленточкой на шее, словом, порядочный человек, нес сыр в руках своих! Решительный в крайних случаях, Иван Александрович недолго колебался: улучив минуту, когда никого не было поблизости, он швырнул сыр под ворота - не лучше ли было поступить таким образом с пресс-папье? - и торопливо пошел своею дорогой.

На Невском лицо его снова просияло. Один я могу знать, как хотелось Свистулькину иметь в это утро обширный круг знакомства и как было бы ему приятно встретить теперь всех своих знакомых! Каждый, без сомнения, встретил бы его вопросом: "Откуда?" и каждому бы, без сомнения, Иван Александрович ответил: "От княгини Z.". Какой лгун не испытывал сладости сказать иногда правду. Надоест, наконец, лгать; самые злодеи, мне кажется, должны чувствовать удовольствие, произнося фразу, проникнутую с начала до конца истиной!

Ветер подувал, однакож, попрежнему, и не было человека во всем Петербурге, который, шествуя теперь по улице, не прикутывал бы горла и не морщился. Дома и фонарные столбы отражались на скользком тротуаре, как в озере. На всем Невском не было, казалось, двадцати извозчиков; да и то трое из них - один на Полицейском мосту, другой на Казанском, третий на Аничкиной - возились с лошадьми, лежавшими врастяжку на торцовом помосте.

"Сквернейшая погода - бу...ррр!.. Ни на что решительно не похоже! - думал Иван Александрович, запрятывая шею в воротник пальто и придерживая воротник рукою. - Глупо сделал я, очень даже глупо, что не взял cache-nez... Долго ли простудиться! Ведь вот и теперь уж болит горло... так болит, как будто проглотил зубную щетку или ложку... - подхватил он, кашляя с напряжением, - ужас, какая боль!.. Даже глотать невозможно... Весь нынешний день катился как по маслу, все, повидимому, улыбается... и вдруг бы все это расстроилось... Надо поспешить в кафе, авось пройдет, как обогреюсь... Ух! Как вдруг защемило!.. Нестерпимо... просто ужас, какая досада!.."

# VIII

## *Свинка*

В кафе Пассажа, куда отправился Свистулькин, было так же пусто, как и в самом Пассаже. Публику кафе составляли два каких-то господина; но так как наружность их была далеко не привлекательна, Иван Александрович не обратил на них никакого внимания; он подумал только, куда девался фешенебельный Петербург и чем могла заниматься та часть его обитателей, которые, подобно ему, проводят день или в кафе, или на улице. В другое время такая мысль могла опечалить нашего героя, любившего общество и вообще склонного к развлечениям всякого рода: но в настоящую минуту он даже обрадовался безлюдью. Он был голоден, и ничто, следовательно, не мешало ему теперь спросить порцию макарон; сверх того, отсутствие посетителей значительно обогащало конторку кафе ломтиками хлеба: обстоятельство, имевшее также свою выгодную сторону.

Увы! Радость Ивана Александровича прошла с первым же глотком; он почувствовал вдруг такое колотье в горле, что слезы брызнули из глаз его и он принужден был оставить макароны, которые привлекательно лоснились на блюдечке. Расстроенный донельзя, он подошел к окну и бросился на диван.

Мы уже сказали в своем месте, что с некоторых пор газеты потеряли свое значение для Свистулькина. В самом деле, не к чему уже было утруждать себя чтением. Не далее как сегодня вечером пойдет он к Беккерам и сделает решительный приступ, в результате которого смешно даже сомневаться. Беккеры, всем известно, только и ждут этого приступа: пламенное желание Андрея Андреича заключается в том, чтоб выдать дочь за человека, который владел бы своим домом в Петербурге, - Иван Александрович торгует дом; Лотхен мечтает выйти за человека ganz comme il faut, который посещал бы хорошее общество и был бы молод, - Иван Александрович молод и не далее как в пятницу поедет на бал к княгине Z.; любимейшая мечта Вильгельмины Карловны выдать дочь скорее, чтобы скорее нянчить внучат и печь им каждый день сахарные крендельки, - Иван Александрович предлагает хоть сейчас же руку и сердце ее дочери. Из этого ясно следует, что дело Ивана Александровича почти в шляпе и ему не к чему читать газеты. От нечего делать он курил папироску, полулежа на диване, и время от времени пощупывал горло, которое продолжало нестерпимо колоть.

Два господина, находившиеся в кафе, успели между тем познакомиться и вели разговор; Иван Александрович, сидевший у противоположного окна и занятый исключительно своею болью, не обратил никакого внимания на беседу незнакомцев; мало-помалу, однакож, он стал прислушиваться и вскоре весь превратился в слух.

- Неужто эта болезнь распространяется все сильнее и сильнее? - проговорил один из собеседников, человек с волосами, зачесанными за уши, острым длинным носом и выдавшеюся вперед физиономией, что вместе взятое придавало его наружности выражение глупого испуга, смешанного с любопытством. - Неужто распространяется? Это ужасно!

- Ужасно, именно ужасно! - энергически подхватил другой собеседник, плотный, с бойкими глазами навыкате и черными, как смоль, жирными и курчавыми волосами. - Да-с, скажу вам, это ужасно! - промолвил он, производя руками пояснительные жесты самого отчаянного свойства. - Мало того, что болезнь эта распространяется, я вам скажу, свирепствует, да, свирепствует! - заключил он, бросая решительный взгляд на собеседника, больные глаза которого моргали и щурились.

- Ах, боже мой!.. Но отчего же это?.. Какие же причины?

- Причины? - Воздух! Очень натурально, - возразил пучеглазый господин, выразительно махнув рукою. - Другие приписывают это поветрию - вздор, чепуха! Воздух - воздух, и больше ничего! Я знаю это из верных источников...

- Но скажите, пожалуйста, отчего же прежде воздух не производил такого действия?

- Отчего? Очень натурально... изволите ли видеть: нынешнюю осень постоянно дует северо-восточный ветер... так или нет? Хорошо! Ветер этот - я знаю это из верных источников - пропитан, так сказать, зловредными миазмами... очень хорошо; вы понимаете, следовательно, - все это действует на дыхательные органы - я разумею горло; иначе быть не может: раздражение верхней оболочки!- довершил он, тыкая себя пальцем по галстучному банту.

Иван Александрович машинально схватил себя за горло; лицо его изобразило беспокойное волнение.

- Вы говорили, кажется, о каком-то опыте... В чем же он состоит? - спросил моргающий собеседника.

- Любопытный факт! - возразил тот с горячностью. - Изволите видеть: к шесту на высокой горе прикрепили кусок стекла, прикрытый раствором из воды и меда; стекло, обращенное к ветру, весьма натурально, не замедлило сделаться тусклым; думали - пыль, ничуть не бывало! Приставили к стеклу микроскоп. Что бы, вы думали, оказалось, а?.. Стекло оказалось усеянным тысячами, что я говорю! миллионами, сотнями тысяч миллионов мелких инфузорий синего цвета и, очевидно, самого ядовитого свойства! - подхватил он, скорчивши такую ужасную физиономию, что тощий собеседник, и без того уже напуганный, невольно пошатнулся. - Вы ясно, следовательно, видите, - продолжал он, воодушевляясь, - ясно видите, что воздух наполнен, так сказать, этими ядовитыми насекомыми. Очень натурально: человек, идущий против ветра с открытым горлом или ртом, что совершенно все равно, вы понимаете,- должен наглотаться этих насекомых; тут нет сомнения...

При этом Свистулькин почувствовал страшную горечь во рту и нестерпимое щекотанье в горле, холодный пот выступил на лбу и щеках его.

- Очень натурально; вы понимаете после этого, какого следует ожидать действия,- продолжал между тем пучеглазый господин, производя такие жесты, как будто верный источник, о котором говорил он, находился в груди его и он принужден делать неимоверные усилия, чтобы черпать из нее сведения. - Инфузории эти распложаются, как вам, я полагаю, известно, с баснословной быстротою : стоит проглотить двух, и не пройдет часу, как их явится уже миллион! В горле, весьма натурально, холоднее, чем в легких; инфузории летят с востока и, следовательно, любят тепло... вы понимаете; они, следовательно, распространяются далее... и наконец, это всего ужаснее, кидаются в желудок...

От действия ли воображения, или от макарон, или, наконец, от излишнего курения папирос, но только Свистулькин почувствовал в эту минуту тошноту и сильные спазмы; холодный пот струился уже под жилетом его и обдавал Ивана Александровича с головы до ног; о горле и говорить нечего: оно было во сто раз хуже больного зуба.

- Ах, боже мой, боже мой! - воскликнул тощий господин, который перестал моргать и глядел на рассказчика притуплёнными глазами. - Что ж, когда они попадут в желудок... тогда-то?.. значит, уж кончено!

- Кончено! - с уверенностью подтвердил пучеглазый рассказчик. - Кончено... паралич желудка - и смерть!

- Смерть?

- Неминуемо, если только не возьмете вы заблаговременно предосторожностей, - подхватил он весьма кстати, потому что Свистулькин не шутя начал уже терять голову. Последние слова курчавого господина привели его в сознание.

- Какие же это средства? - торопливо спросил моргун.

- Очень простые, проще быть не может, - так же поспешно, отвечал собеседник, посматривая на буфет, причем глаза его выкатились еще заметнее. - Я, который говорю вам,- подхватил он, - тысячу раз испытывал их на себе... Не далее как вчера и сегодня... и, наконец, всякий день чувствую я адскую боль в горле... как только это случится, надо, не медля ни минуты, выпить добрый стакан портвейну... или другого крепкого напитка...

- Человек! Мальчик! - закричал тощий собеседник. - Стакан портвейну!.. Позвольте мне также предложить вам стакан?

- Очень охотно, это всегдашнее мое средство, - отвечал курчавый господин, с удовольствием потирая нос, который не оставлял сомнения, что сказанное его владельцем проникнуто истиной.

Тощий собеседник стремглав бросился к буфету, но Иван Александрович успел уже предупредить его.

Стакан портвейну, выпитый залпом, действительно принес ему облегченье; но это продолжалось одну минуту; он почувствовал вдруг, как будто весь кафе с его шкапами, потолком и даже мальчиком за конторкой зашатались и закружились; он бессознательно почти положил сдачу в карман и едва-едва мог расслышать, как один из собеседников предложил новый стакан портвейну и как другой охотно принял предложение, повторив, что это было всегдашнее его средство. Как Свистулькин вышел из кафе и сел на извозчика, как доехал до дому, как расплатился с извозчиком - расплатился он или нет, этого он решительно уже не помнил - и как потом очутился в своей комнате, во всем этом он не мог дать ни себе, ни другим ясного отчета; он помнил однакож, что, войдя в комнату, снял с себя лучшее платье и уложил его в комод, после чего упал на кровать и лишился чувств.

Открыв глаза, он почувствовал необыкновенный лом в голове; к этому присоединился адский жар в горле, и он поспешил ощупать больное место. Представьте себе ужас Свистулькина, когда рука его, вместо знакомого места, встретила что-то похожее на подушку; шея его распухла и сровнялась с подбородком; все снова помрачилось перед глазами Ивана Александровича; сердце его обмерло, и он снова потерял сознание.

Первый предмет, который увидел он, прищедпш вторично в себя, была хозяйка квартиры с огарком в руках.

- Доктора!.. Анна Ивановна... поскорее! Я наглотался, проглотил миллион насекомых... скорее доктора, умираю! - мог только простонать Свистулькин.

Все возможные роды ожидания мучительны; но самые мучительные часы, бесспорно, те, когда ждешь доктора; много таких часов провел Иван Александрович, потому что, как известно, доктора редко отыскиваются в минуты крайней необходимости. Наконец явился доктор. Он был еще в дверях, когда Свистулькин протянул ему руку и высунул язык. Доктор начал с того, что оглянул комнату, потом медленно и как можно комфортабельнее расположился на стуле; устроив себя таким образом, доктор взглянул при свете огарка на язык больного, потом обратил глаза на кончики своих сапогов, потом снова на язык, потом пощупал пульс и, снова обратившись к сапогам своим, произнес спокойно:

- Ничего... легкая простуда... покажите горло... больно?- промолвил он, тыкая пальцем в больное место так же бесцеремонно, как если б оно было из дерева.

Свистулькин закричал благим матом.

- Зачем же так кричать! - сказал доктор голосом, который ясно свидетельствовал, что он был враг шума. - Это ничего... просто простуда... у вас свинка....

- Нет... доктор... нет! - с ужасом прокричал Свистулькин.

- Свинка и больше ничего! - проговорил медик с обычною ему невозмутимостью.

- Я проглотил насекомых... - пояснял между тем Свистулькин, - их множество в воздухе!.. Синие... ядовитого свойства... весь воздух наполнен ими...

Тут доктор в первый раз, можно сказать, обратил свое внимание на больного.

- У больного жар, бред, это часто бывает при свинке, - проговорил он, повернувшись к хозяйке, - обложить его горчичниками!..

Сказав это, доктор встал и, не слушая криков больного, вышел в соседнюю комнату прописывать рецепт; минуты три спустя он оставил квартиру.

Горчичники произвели свое действие; на другой день Ивану Александровичу стало легче. Здесь, конечно, надо разуметь физическое облегчение; моральная сторона Ивана Александровича была расстроена выше всякого описания. Главная причина расстройства заключалась не столько в самой болезни, которая, как сам он догадался, не была опасна, сколько в ее названии. "Свинка! Свинка! - думал он, с ужасом оглядывая в зеркальце свою шею, значительно, однакож, уменьшившуюся. - Отчего же свинка, а не другая болезнь? Отчего свинка у меня именно! И чем занимаются эти доктора... о чем думают эти факультеты! Как, наконец, не облагородить названия... свинка, ведь выдумают же!"

Немало также смущало Свистулькина и то, что накануне обещал он провести вечер у Беккеров. Что подумает Лотхен? Что скажут ее отец и мать?Хорошо, если проклятая свинка пройдет скоро, как сказал доктор; но доктора такие же человеки, несмотря на всю их ученость, и не всегда сбываются их предсказания. Ивана Александровича пуще всего пугала мысль, что в его отсутствие к Беккеру может явиться покупщик дома; стоит только покупщику дать задаток, превышающий те триста рублей, которые Свистулькин бережет пуще глаза и предназначает для той же цели, - все пропало тогда! Сообщить Беккерам о болезни нет никакой возможности! Добрый Андрей Андреич сейчас же явится навестить больного: письмо может быть без адреса, но нынче заведены адресные столы, и стоит булочнику узнать о болезни знакомого, он непременно отыщет его. Другое дело, если б Иван Александрович занимал богатую квартиру, обставленную отличной мебелью, и имел тех слуг, которыми был так недоволен и на которых столько раз жаловался Беккерам. Впрочем, тогда Иван Александрович не имел бы надобности переписываться с Беккером, тогда между ним и булочником не было бы ничего общего; он вряд ли даже пустил бы тогда какого-нибудь Беккера на порог своей квартиры.

Свистулькина тревожила также мысль о предстоящем бале у Z. Бал назначен в пятницу: нынче понедельник, остается всего четыре дня. Ну, как не пройдет опухоль? Будь другая болезнь, он не стал бы сокрушаться, отправился бы, несмотря ни на какие последствия. Но свинка!.. Есть ли возможность явиться в большой свет с признаками болезни, у которой такое неблагородное название.

При таких мыслях застал его доктор. Из слов медика оказалось, что дня через три опухоль пройдет окончательно и больной будет совершенно здоров. Иван Александрович принялся убедительно просить доктора навестить его через два дня для окончательного приговора. Доктор прописал новые припарки и удалился, обещав исполнить просьбу. Опухоль уменьшалась с каждым часом, прошел еще день - и галстук à la papillon свободно уже мог обхватывать шею Свистулькина; от свинки оставалась одна лишь слабая тень. Вечером Иван Александрович вынул из комода все свои галстуки и, сев перед зеркальцем, начал упражняться в повязывании бантов.

"Но послужит ли это к чему-нибудь? Пришлют ли еще приглашение?.." - подумал он, после чего оставил свое занятие и впал в задумчивость.

Тем не менее он сообщил Анне Ивановне, что если, паче чаяния, придет лакей с запиской, то чтобы не впускали его в комнату; следовало только взять записку и сказать: "хорошо!".

Предоставляю вам судить о том, что должен был ощутить наш герой, когда на другой день утром хозяйка квартиры подала ему тщательно свернутую записку, запечатанную облаткой. Сердце Ивана Александровича забилось сильно и, бледный от природы, он покраснел, как клюква, когда глаза его встретили следующие строки, писанные канцелярским почерком:

"Князь и княгиня Z. покорнейше просят Ивана Александровича Свистулькина сделать им честь пожаловать к ним в пятницу на вечер..."

Было около четырех часов пополудни, ровно за два часа до того времени, когда Свистулькин просил доктора пожаловать. В пять часов Иван Александрович торопливо оделся и направился к Беккерам...

Помнится мне, доктор, пользовавший когда-то Ивана Александровича, очень любил рассказывать анекдот о том, какую штуку сыграл с ним один молодой человек, одержимый свинкой. Доктор охотно всегда присовокуплял к анекдоту следующее:

- Свинка, - говорил он, - свинка, конечно, опасна: но не знаю, как объяснить это, - одолжен ли я особенно какому-нибудь счастью или чему другому, но только ручаюсь вам чем угодно за свинку! Раз приглашают меня к одному весьма значительному человеку; представьте себе - вот! - присовокупил доктор, показывая на аршин от горла. - Совсем было задавила его... и что ж! На третий день утром он гулял по Невскому как ни в чем не бывало, а вечером танцовал на бале - и танцовал, надо заметить, до пяти часов утра!..

# IX

*У Беккеров*

Беккеры жили в собственном доме и занимали квартиру над булочной. Не думайте, чтобы прежнее их помещение, находившееся в нижнем этаже и служившее продолжением булочной, оставлено было из чувства, свойственного разбогатевшим людям, - вовсе нет: Беккерам пришлось бы тогда переехать двадцать лет назад; а сообразно с их теперешним состоянием следовало бы занимать бельэтаж в двадцать окон на улицу. Перемещение произошло с весьма недавнего времени, а именно вскоре после выхода Лотхен из пансиона.

Не следует также заключать, чтобы отдаление от булочной совершилось вследствие каких-нибудь мечтаний касательно дочери. Вильгельмина Карловна была, может статься, заражена кой-какими аристократическими мыслями, возбужденными тем, что одна из соучениц Лотхен была княгиня, а другая графиня; но Андрей Андреич смотрел на это равнодушно: он любил дочь, вышедшую из пансиона и рисовавшую греческую профиль, ничуть не менее того, как любил ее, когда она чистила миндаль для пряников. Переезд совершился совсем по другим причинам: Лотхен поминутно жаловалась, что звяканье колокольчика, раздававшееся с утра до вечера из булочной, препятствовало ей заниматься музыкой. Андрей Андреич и его супруга, любившие в сумеречный час послушать вальс и поминутно тревожимые колокольчиком, разделили мнение дочери; к этому присоединилось и то еще, что Лотхен, отвыкнувшая от запаха печеного хлеба и жженого миндаля, начала с некоторых пор жаловаться на головную боль. Решено было переехать во второй этаж, который, как нарочно, освободился от жильцов. Новая квартира была отделана, или, лучше сказать, обставлена, с необычайной простотой, но без всякого вкуса: в пяти комнатах один рояль заслуживал внимания: остальное все заслуживало названия хлама, хоть и отличалось чистотою.

"Непостижимое дело! - частенько думал Иван Александрович.- И это люди, имеющие тысяч триста в ломбарде! Кто бы поверил этому! Надо быть я не знаю чем, чтобы при таком состоянии жить хуже всякого человека, получающего две тысячи жалованья, и вдобавок еще продолжать печь булки и крендели!.. Эх, эх!.. Будь у меня эти деньги, будь половина этих денег... Квартира - великолепие! везде Гамбс и Тур... бархат, ковры, люстры; на конюшне шесть лошадей в серых яблоках, таких лошадей, чтобы пена так вот и хлестала под удилами!.. карета - просто: фуррр!.. Эх, да что тут толковать, только раздразнить!.." - заключил он с досадой.

Но Андрей Андреич был немец, к тому же человек простой, необразованный, не понимавший толку в кровных лошадях и дорогой мебели; и потому, весьма естественно, не мог он разделять мыслей людей образованных.

Кто-то сказал, что описывать квартиру скучно, а читать такие описания - еще скучнее; основываясь на этом, перейдем к действующим лицам.

Начало смеркаться. Лотхен только что встала из-за рояля, на котором играла без умолку три часа; пьесы, выбираемые ею, с некоторых пор отличались необыкновенною меланхолиею; то были по большей части morceaux[77] на слова: Oh, mon coeur! mon pauvre coeur! - Entends-tu les souffrances de mon âme? - Jeune chevalier[78] и проч. Весьма натурально, эти morceaux расположили ее сесть к окну и пробудили в ней желание глядеть, как мрачные осенние сумерки окутывали улицу и как небо постепенно покрывалось зловещими облаками. Отдавшись созерцанию облаков, она ни разу не взглянула на мать, которая сидела на диване в этой же комнате и вязала перчатки à jour[79] с отверстием для каждого пальца.

- Лотхен, - сказала Вильгельмина Карловна по-немецки, - о чем это ты, мой друг, задумалась?.. Ты бы лучше сыграла что-нибудь... поди, мой ангел, сыграй мне "Du lieber Augustin"[80]... ты знаешь, как я это люблю...

- Ах, маменька, вы вечно с своими... - Лотхен не договорила, и прекрасно сделала; нервическое раздражение, в которое повергает молодых девиц игра меланхолических morceaux, редко внушает приятные мысли и еще реже - приятные ответы.

Снисходительная Вильгельмина Карловна замолкла и снова принялась вязать; так продолжалось до тех пор, пока кухарка не поставила на стол свечей.

- Не понимаю, отчего это так долго не идет к нам Иван Александрович?.. - начала снова мать.

Лотхен сделала нетерпеливое движение.

---

[77] Пьесы (ред.).

[78] О, мое сердце! мое бедное сердце! - Чувствуешь ли ты страдания моей души? - Юный рыцарь (ред.).

[79] Ажурные (ред.).

[80] Ты, милый Августин (ред.).

- Вот пять дней, как он у нас не был, - продолжала мать. - Помнишь, как мы встретили его на Невском; он сказал, что придет на другой день... и не пришел... уж не болен ли он?..

Лотхен положила локти на окно, опустила лицо в ладони и прижала головой стекло с такою силой, что еще немножко - и оно бы разлетелось вдребезги. В самую эту минуту в передней раздался звонок.

- Ну вот... не он ли!.. - произнесла Вильгельмина Карловна, оставляя вязанье, между тем как Лотхен оторвалась от окна и устремила нетерпеливые глаза на дверь.

Голос Ивана Александровича послышался в прихожей: "Дома?" - "Дома!", и секунду спустя он явился в комнате, занимаемой дамами.

- Вильгельмина Карловна, я совершенно счастлив... как ваше здоровье? - произнес он, ловко расшаркиваясь. - Здравствуйте, Шарлотта Андреевна, - подхватил он с особенным ударением и протянул руку Лотхен. Лотхен подала ему руку, стараясь принять тот совершенно равнодушный вид, который, по-настоящему, давно бы следовало оставить барышням, ошибочно думающим, что равнодушие это кого-нибудь обманывает.

- Скажите, пожалуйства, Иван Александрович, что с вами было? - спросила Вильгельмина Карловна после того, как молодой человек настоятельно потребовал сведения об ее здоровье.

- Верно, все эти дни были балы и обеды, и Ивану Александровичу было некогда, - заметила Лотхен, делая ударение на последнее слово.

- Позвольте вас поблагодарить за такое мнение обо мне!- произнес обиженным тоном гость. - Вы полагаете, что какой-нибудь обед или бал могли... еще раз поблагодарю вас, позвольте, однакож, сказать вам... вы ошиблись... я был болен...

- О?.. - произнесла мать, качая головою. - Видишь ли, Лотхен, я говорила тебе...

- Да-с, я был болен, можно даже сказать, был в двух шагах от смерти, - довершил Свистулькин, выразительно взглядывая на девушку, которая вспыхнула.

- Фуй, фуй!.. Как это можно... каким же это манером? - вымолвила мать.

- Я был... у меня было... я простудился, жестоко простудился,- подхватил гость, с ужасом помышляя о свинке. - Доктора - их было четверо, целый консилиум, - единодушно сказали: еще день - и все кончено! Я был на волосок от смерти... да-с!

- Фуй, фуй, как же это так, Иван Александрович?..

- Очень просто-с, - отвечал гость с веселостью, которая доказывала, что он очень доволен был впечатлением, произведенным на молодую девушку. - В тот день, как имел я удовольствие встретить вас на Невском,

58

я поехал вечером на бал к княгине... N. Жар нестерпимый... выхожу, на лестнице попадается приятель... некто N. N., я попросил его довезти меня домой... мы живем друг подле друга. Мы сели и так заболтались дорогой, что не заметили окна, которое во все время было отворено... должно быть, мне надуло в грудь...

- Какая неосторожность!.. Ах, Иван Александрович! Иван Александрович!

- Что такое, Вильгельмина Карловна?

- Эти балы и вся эта жизнь, которую вы ведете, не кончатся добром... я и муж сколько раз говорили вам об этом... - заметила немка с родственным участием.

- Кому вы это говорите! - со вздохом вымолвил гость.- Кому вы это говорите,почтеннейшая Вильгельмина Карловна!- подхватил он, устремляя грустный взгляд сначала на мать, потом на дочь. - Что ж может быть хорошего в этих ночах, проведенных без сна!.. И хорошо, если б одну, две, три таких ночи, но нет: каждая ночь проводится в душных залах, освещенных тысячами свечей, наполненных народом! Впрочем, надо правду сказать, - продолжал он, как бы смягчаясь, - балы еще ничего, они не так разрушительно действуют, как обеды... Вот, Вильгельмина Карловна, что губит нашего брата! - подхватил он с ожесточением. - Все эти тонкие, изысканные блюда... какой-нибудь подадут вдруг суп à la Mênêhoult или пломбьер: все это яды, да - яды, потому что на этих гастрономических обедах решительно ешь иногда - яд! Все искусство, ни одного кусочка нет натурального... подают ли говядину - требуют, чтоб она непременно имела вкус рыбы; подают рыбу - требуют вкус говядины... Вот это-то именно и губит нашего брата!.. Позвольте закурить папироску! - добавил он неожиданно, на что тотчас же получил позволение.

- O Gott! O Gott![81] - произнесла госпожа Беккер, с участием глядя на гостя.

- Скажите, как здоровье Андрея Андреича?.. - начал Свистулькин. - Да вот, кажется, и он... - сказал он, подымаясь с дивана,

И точно, в соседней комнате послышались тяжелые шаги, и не успел гость пустить двух клубов дыма, как хозяин появился на пороге и протянул ему руку.

Мы никогда не видали и не увидим такого громадного булочника, как Андрей Андреич Беккер; рост, сила и здоровье десятерых рослых, сильных и здоровых людей соединились в этом человеке с короткой, белой, как мука, шеей, с круглой головою, покрытой густыми белокурыми

---

[81] О боже! О боже! (ред.).

кудрями. На нем была белая холстяная куртка, такой же жилет и панталоны, из-под которых выглядывали монументальные ступни, обутые в башмаки; все это вместе взятое делало Андрея Андреича чрезвычайно похожим на знаменитого белого слона, которым так справедливо гордился сиамский король. Добродушие выглядывало из каждой черты его широкого румяного лица; толстые губы его, постоянно оживленные улыбкой, красноречиво подтверждали доброту и мягкость его нрава; Андрей Андреич был действительно добр и мягок, как пеклеванный хлеб, только что вынутый из печки.

- Вот, почтеннейший Андрей Андреич, - произнес Свистулькин, горячо пожав руку Беккера и усевшись подле него на диване, - вот ваши дамы, Андрей Андреич, не перестают бранить меня... они решительно на меня нападают...

- О! - проговорил Беккер, выпучивая оловянные глаза и улыбаясь.

- Да, нападают, - подхватил, любезничая, гоеть, - дело в том, однакож, что они справедливо нападают... Согласитесь сами, могу ли я в настоящем своем положении бросить общество, не ездить на вечера, отказываться от обедов?.. Я уже сколько раз говорил вам об этом: мое положение таково; никак нельзя! Все зависит от положения, - подхватил он, неожиданно принимая спокойно-рассудительный тон. - Будь я человек преклонных лет или женатый... другое дело! Но молодому человеку невозможно жить иначе... мы зависим от общества! Да, зависим!.. Да вот, чего же еще лучше, я сейчас могу доказать вам, - присовокупил он, вынимая из кармана приглашение княгини, - вот, взгляните сами, если не верите... Я еще болен... чувствую, что далеко еще не поправился, а должен ехать, непременно должен, и поеду; зовет... Как же не ехать, как не ехать, когда прежде бывал у ней почти каждый день! - добавил Иван Александрович и подал записку.

Приглашение, переходя из рук в руки, произвело на каждого из присутствующих различное действие: Вильгельмина Карловна оставила свое вязанье и, потряхивая бантами на голове, с гордостью посматривала на гостя; Андрей Андреич, говоривший вообще очень мало, неопределенно улыбался и потряхивал головою; Лотхен старалась принять вид глубокого равнодушия, но пальцы ее, досадливо комкавшие записку, изменили ей.

- Да, болен, чувствую, что еще болен, а должен ехать, и поеду! - продолжал между тем Иван Александровиче грустью, весьма близкою к досаде, - поеду, несмотря на страшную скуку, которая меня там ожидает... Но что скука? Я болен, болен душевно и физически, и все-таки поеду... таковы условия нашего общества!..

Андрей Андреич неодобрительно тряхнул головою и пропустил сквозь зубы какой-то жалобный звук; взгляды Вильгельмины Карловны, устремившиеся на молодого человека, выражали участие; Лотхен бросила записку на окно, отвернулась и задумчиво наклонила голову.

Иван Александрович украдкою обвел глазами отца, мать и дочь и вдруг повеселел. К такому благоприятному расположению немало подействовал чай (и превосходная сдобная баба с миндалем и коринкой, которую поставила на стол кухарка. Во все продолжение чайной операции он был разговорчив и любезен, как только может быть любезен человек, который, чувствуя свое превосходство над людьми, пользуется, тем не менее, случаем произвести на них самое выгодное впечатление. Старик Беккер слушал, однакож, рассеянно рассказы своего гостя; он, конечно, улыбался и одобрительно потряхивал головою, но чаще потирал лоб, как бы обдумывая что-то.

- Иван Александрович, - сказал он наконец, выбрав минуту, когда рассказчик остановился, - нам надо поговорить о деле...

- Ах, с величайшим удовольствием, почтеннейший Андрей Андреич, - произнес Свистулькин, посылая ему одну из тех очаровательных улыбок, которые служат всегда прикрытием внутреннего волнения.

- Без вас приходил ко мне покупщик, - сказал булочник.

- А! - вымолвил Свистулькин, лицо которого побагровело и омрачилось, но он поспешил кашлянуть и показал вид, что проглотил слишком большой кусок бабы.

- Да, и я очень рад, что вы пожаловали сегодня, - продолжал Беккер, - мне хотелось узнать ваше намерение... покупщик желает кончить скорее... и даже предлагал вчера задаток...

- Если только в этом дело, - торопливо сказал Свистулькин, - мы сейчас же... сию минуту... напрасно вы прежде не сказали мне... Не знаю только, взял ли я с собою столько денег...

При этом Иван Александрович, мысленно благословлявший те триста рублей, которые удалось ему сберечь для этого случая и которые находились теперь в его кармане, вынул бумажник.

- Все равно, Иван Александрович, все равно... в другое время... мне хотелось только знать ваше намерение... - сказал Беккер.

- Нет, нет, почтеннейший и многоуважаемый Андрей Андреич, - с живостью перебил гость, - не думайте, чтоб я в самом деле был так ветрен и опрометчив... я знаю, вы такого мнения обо мне, вы и Вильгельмина Карловна... и... но в делах я аккуратен... нет, пожалуйста... прошу вас... Все равно, рано или поздно надо же будет отдавать деньги... не знаю только, сколько у меня здесь... мм... м... сто... мм... двести... мм... триста рублей, безделица... и этого недостаточно для задатка.

- О! Очень довольно... мне хотелось только узнать ваше намерение... довольно вашего слова... - проговорил булочник, складывая деньги и благодаря гостя.

Каждый поймет, что это обстоятельство сильно способствовало к тому, чтобы все развеселились; каждый из присутствующих имел свои причины радоваться окончанию дела; но более всех, конечно, радовался Иван Александрович. Он рассказал множество анекдотов и представил несколько комических сцен, совершившихся преимущественно на знаменитых балах и обедах большого света, а так как Иван Александрович всегда был действующим лицом, то, естественно, анекдоты и сцены получали еще больше интереса; в числе анекдотов, рассказанных им, особенно понравился тот, который имел предметом Пейпусова и Фурно. Иван Александрович описал наружность действующих лиц, их костюм, голос, выражения, приемы и с таким неподражаемым комизмом описал отчаяние Фурно, обманутого Пейпусовым, что добродушный Андрей Андреич чуть не задохнулся от смеха. Затем Свистулькин, любезность которого усиливалась вместе с веселостью, начал просить Лотхен сыграть что-нибудь на рояле; Лотхен долго отказывалась; она, казалось, все еще не могла простить Ивану Александровичу дружбу его с княгиней; но отец взял ее под одну руку, мать под другую и силою почти повлекли ее к роялю.

С утонченною услужливостью, свойственною лишь молодым людям того круга, который посещался Свистулькиным, он кинулся со всех ног к инструменту, открыл его, поставил свечки по бокам и пододвинул табурет молодой девушке; после этого перешел он на другой конец рояля, опустился на локти, украдкою провел несколько раз языком по губам и впился глазами в глаза Лотхен, которая тотчас же отвернулась, но взяла, однакож, меланхолический аккорд. Свистулькин мгновенно выпрямился, обернулся к Беккеру и его супруге, извинился, что стал к ним спиною, и, грациозно выступая на цыпочках под такт музыки, расположился за стулом виртуозки и скорчил восторженную физиономию.

Воцарилось мертвое молчание. Лотхен взяла еще аккорд, потом еще аккорд, который был несравненно слабее первого; потом пальцы ее неопределенно как-то скользнули по клавишам, и в ту минуту, как кавалер, стоявший за ее стулом, думал услышать страстный музыкальный намек, долженствовавший выразить чувства прекрасной виртуозки к кавалеру, стоявшему за ее стулом, - Лотхен закрыла вдруг лицо руками и залилась истерическим воплем.

Иван Александрович сделал отчаянный прыжок, сопровождавшийся не менее отчаянным жестом, и вдруг закричал: "Спасите!" таким голосом, который редко даже удается слышать на трагических сценах: после этого мгновенно вынул он из кармана платок и приложил его к глазам своим. Вильгельмина Карловна и Андрей Андреич давно уже были подле дочери. На крик и шум прибежала кухарка, а следом за ней явился подмастерье из булочной, который ловил каждую удобную минуту, чтобы сидеть с кухаркой: рыдающую Лотхен подняли на руки и торжественно понесли в спальню. Андрей Андреич закрывал шествие. Но Свистулькин, успевший в это время натереть глаза докрасна и встрепать себе волосы, остановил его в дверях.

- Андрей Андреич, - сказал он, дыша с особенным напряжением и дико блуждая глазами, - Андрей Андреич, я должен с вами объясниться!..

- Извините... Иван Александрович... вы видите, was für ein[82]... O Gott! O Gott... я сейчас приду...

- Нет, Андрей Андреич, теперь - или никогда! - энергически произнес Иван Александрович.- Теперь или никогда!- добавил он с твердостью, внушенною сознанием, что теперь именно настала решительная минута. - Андрей Андреич, успокойтесь, умоляю вас... ваше сердце, я понимаю... успокойтесь, сядьте и выслушайте меня... Вы можете дунуть и убить человека...

В этом не было сомнения, особенно если человек, о котором шла речь, был так же жалко наделен физически, как Иван Александрович. Андрей Андреич, недоумевающие глаза которого переходили от двери, куда унесли Лотхен, к отчаянному лицу гостя, повиновался и сел.

- Андрей Андреич, - начал Свистулькин, садясь подле и схвативши его руку, - вы, может быть, уж заметили, может быть, даже знаете... и Вильгельмина Карловна также... и все... Андрей Андреич!.. Я люблю, я страстно люблю вашу дочь!.. Я обожаю ее... и имею, скажу откровенно, имею причины думать, что она разделяет мои чувства... Вы были свидетелем... эти слезы... это... все это вам доказывает... О! Не убивайте!.. Не убивайте!.. Подумайте о последствиях... вспомните только, сколько погибло молодых людей... молодых девушек, которым препятствовали вступить в брачный союз... Все это говорю я не для себя... что я? - Что мне?.. Говорю для нее... у нее такая слабенькая грудь... такие нервы, вы знаете...

- O Gott! O Gott! - простонал Андрей Андреич, едва переводя дух.

- Спасите ее и меня... она и я, мы оба можем погибнуть... Андрей Андреич! Я прошу у вас руки вашей дочери! - заключил Иван Александрович, вскакивая с дивана и делая движение человека, который готов поразить себя смертельным ударом в случае неудачи.

---

[82] Что за... (ред.).

Потрясение, испытанное Андреем Андреичем в эти десять минут, было единственным потрясением в его мирной жизни, и потому, весьма натурально, ему потребовалось несколько минут, чтобы прийти в себя; наконец он тяжело поднялся на монументальные ступни свои и, потирая лоб, сказал с заметным смущением:

- Позвольте мне переговорить с женою...

- Так, стало быть, вы согласны? - воскликнул Свистулькин, приготовляясь броситься в объятия булочника.

- Надо переговорить с женою, - повторил Андрей Андреич,- вы понимаете, Иван Александрович, это такое важное дело... надо посоветоваться, подумать...

- Подумать!.. Конечно... впрочем, и без того уже не слишком ли мы долго думали! - возразил Иван Александрович, выразительно указывая на дверь, куда вынесли Лотхен. - Андрей Андреич, повторяю вам, я прошу руки вашей дочери!.. Согласны вы - да или нет... - заключил он, снова принимая трагическую позу.

- Вы понимаете, Иван Александрович, если б это от меня... я... но мне, право, нельзя сказать... надо посоветоваться... ваше предложение делает нам большую честь... но надо подумать... - промолвил Беккер, перенося свои мысли к жениным братьям, Карлу портному и Готлибу сапожнику, светскою опытностью которых он всегда дорожил.

- Ну, хорошо, - проговорил Иван Александрович примирительно, - хорошо; сегодня четверг, завтра пятница... в субботу я приду за ответом!.. Подумайте о последствиях, почтеннейший Андрей Андреич; одно повторяю: подумайте о ее слабом здоровье... вы видели... сами видели... Но довольно; я вас не задерживаю... я понимаю как нельзя лучше теперешнее ваше положение... а наконец, и сам - вы понимаете - сам слишком взволнован!.. До свидания, до субботы!..

Проговорив все это торопливо-взволнованным голосом, Свистулькин взял шляпу, горячо пожал руку Беккера, все еще стоявшего на месте в оцепенении, и выбежал из квартиры его. В том состоянии чувств, в каком находился наш герой, свежий воздух должен был принести ему значительную пользу; и точно, едва очутился он на тротуаре, как волнение его мгновенно уступило место самой неукротимой восторженности.

- Дело в шляпе! - произнес он почти громко, махнул рукою и сделал прыжок. - А ты, любезный, - подхватил он неожиданно, поворачиваясь к дому и направляя глаза к золотому кренделю, который висел над дверьми и блистал перед фонарем, - тебе существовать недолго! Уж как они себе там хотят, а чтоб кренделя этого не было! разве наймут нам другую квартиру!.. - Извозчик! - заключил Иван Александрович таким громовым голосом, что пешеходы, шедшие в самых отдаленных частях улицы, вздрогнули и повернулись в его сторону.

Свистулькин нанял извозчика без торгу, сел, сказал ему улицу, где жил, и, запрятав лицо в cache-nez, закрыл глаза и приказал ехать.

Никогда еще воображение нашего героя не работало так сильно под влиянием восторженных ощущений; оно, казалось, теперь только вполне созрело и распустило крылья. Воображение Ивана Александровича, сорвав ненавистный золотой крендель, воздвигло на его месте какой-то пестрый герб, который прямо пришелся над чугунным великолепным подъездом, заступившим место дверей в булочную; действием того же воображения булки, сухари и ватрушки, украшавшие окно нижнего этажа, превратились в тучного швейцара с булавою, расхаживающего по прихожей Z.; Иван Александрович увидел себя потом в магазине Тура; потом в собственном доме, дающим великолепный обед господину в черных бакенах, встреченному когда-то у Фурно его трем собеседникам и графу Слапачинскому. Воображение, пущенное таким образом во весь карьер, не могло, конечно, скоро остановиться: оно понесло Ивана Александровича по Невскому, сначала в карете, потом пешком; носило его по аллеям Летнего сада и по Елагину острову, представляло ему залу Большого театра, сотню биноклей, устремленных исключительно на его брильянтовую булавку величиною с грецкий орех, представляло ему Карла и Готлиба Шамбахеров, трепетно ожидающих в передней и униженно просящих возвратить им его практику; он наслаждался уже раскаяньем врагов своих и готовился произнести грозное, беспощадное "вон!" - когда извозчик остановился и сказал, что приехали.


# X

*Бал*


Весь следующий день посвящен был приготовлениям к знаменитому балу. Приготовления со стороны Свистулькина требовали сильного умственного напряжения: надлежало привести в память все впечатления, собранные в парикмахерских - единственном месте, где приводилось ему встречать великосветских людей, готовящихся отправиться на бал; зажмурив глаза и насупив лоб, Иван Александрович истощал все силы своего воображения, поверяя эти впечатления и представляя себе ясно и отчетливо бальный костюм. Легко было спутаться в своих воспоминаниях и сделать грубейшую, непростительную ошибку; ничего не значило, например, сбиться в покрое жилета или принять галстучный бант, повязанный таким способом, за галстучный бант, повязанный другим способом и предназначенный совсем для другой цели. Но не один туалет тревожил нашего героя; следовало также обдумать приемы.

Всякий, кому случалось являться первый раз на многолюдном вечере или случалось играть без привычки на домашнем театре, помнит, вероятно, в какое страшно затруднительное положение ставят всегда собственные руки и ноги. Иван Александрович провел большую часть утра, делая мимические упражнения; поставив посреди комнаты в некотором расстоянии друг от друга стул и стол, долженствовавшие изображать дверь бальной залы, он совершил несколько торжественных входов и выходов, сопровождавшихся грациозными поклонами; затем он опускал руку на спинку стула, закидывал правую ногу назад и, слегка покачиваясь корпусом, наклонял голову, как бы разговаривая с кем-то, сидевшим на стуле. Проведя таким образом минуты две, он ловко придвигал стул и садился, соблюдая при этом, чтобы левая нога его вытягивалась наискось от правой. Поставленный в некоторое замешательство касательно роли, которую должны были играть руки, он вооружился шляпой и, найдя это весьма удобным, дал себе слово не разлучаться со шляпой во все продолжение предстоящего вечера. Решив таким образом трудную задачу бального костюма и великосветских приемов, Иван Александрович перешел к разговору и начал обдумывать изящные фразы. На этот раз, к великому удивлению своему, он стал в совершеннейший тупик и сколько ни бился, ничего не придумал удовлетворительного.

- Но что ж я за дурак, что ж я за осел, что стану пускаться в разговоры! - воскликнул он, потеряв наконец терпение. - Меня никто там не знает; я также никого не знаю... наконец, пятьсот человек, может быть, больше... где тут заметить! Какие тут разговоры!.. Главная вещь попасть туда и посмотреть... посмотреть, что и как у них там на этих балах.

Успокоив себя таким доводом, Иван Александрович начал одеваться; было около пяти часов пополудни; в восемь часов, то есть ровно за три часа до начала бала, Свистулькин был готов; оставалось сходить к куаферу завиться и надеть перчатки. Бросив испытующий взгляд в зеркальце, Иван Александрович высунул голову из дверей своей комнаты и позвал хозяйку: заслышав шаги Анны Ивановны, он торопливо поставил свечку на стол, взял шляпу в правую руку и, став в самом выгодном месте, принял позу.

66

- Ах, батюшка! Да что ж это вы все в черном! Неужто так и поедете?..- воскликнула Анна Ивановна.- Хоть бы галстучек пестренький повязали... словно на похороны собрались...

- Так принято, Анна Ивановна, так принято... - проговорил жилец, выставляя правую ногу вперед и стараясь придать каждому слову, каждому движению особенную какую-то приятность. Он опустил правую руку на спинку стула и покачнулся корпусом.

- Вы извините меня, Анна Ивановна, если я вас побеспокоил, - подхватил Свистулькин с такою любезностью, как будто перед ним стояла не Анна Ивановна, а сама княгиня Z., - извините меня... мне хотелось узнать, какая погода... сухо или сыро?..

- Сухохонько, батюшка... никак даже мороз... да что это с вами, батюшка?.. - прибавила хозяйка, оглядывая с удивлением жильца.

- А что? - спросил Свистулькин, грациозно изгибая корпус и приятно улыбаясь.

- Да вы, Иван Александрович, и говорите-то совсем по-другому: не узнать вас никак... совсем другой стали.

- Это вам так кажется, Анна Ивановна... туалет, точно, изменяет человека... я говорю, впрочем, так, как говорят там у нас все... вы к этому, конечно, не привыкли, и потому вас это удивляет... - заключил жилец, отвешивая церемонный поклон и прижимая шляпу к груди.

После этого он сказал, что Анна Ивановна ему больше не нужна и может итти.

"Нет, дело, кажется, пойдет на лад, - подумал он, как только вышла хозяйка, - и, наконец, я не ослеп - буду наблюдать: как другие делают, так и я буду делать... скверно, однакож, что морозно!.. Опять бы не застудить горла... надеть платок нет уже теперь возможности, воротнички сомнешь... авось, сойдет... Пора однакож, пора!"

Надевая пальто, Свистулькин обнаружил такую осторожность, как будто малейшее движение должно было лишить его жизни: не поворачивая головы, не трогаясь ни одним членом, он вышел из комнаты, локтем толкнул дверь и вступил в коридор. Две, три головы, принадлежавшие остальным жильцам Анны Ивановны, высунулись из разных дверей; но Иван Александрович сделал вид, как будто не замечает их, и гордо прошел мимо. Он остановился, однакож, подле комнаты хозяйки и, дав ей заметить, что вернется домой не раньше пятого часа утра, исчез на лестнице.

Мороз был, точно, порядочный, но Свистулькин принял свои меры против холода; он заблаговременно вооружился терпением; что ж касается до звезд, которые сверкали на небе, он не взглянул на них; и в самом деле, что значили эти звезды, которыми мог любоваться каждый извозчик, что могли значить они перед звездами, которые надеялся увидеть Иван Александрович на бале у Z.!

Он прямо направился к парикмахеру; а так как в Петербурге столько же парикмахеров, сколько в Москве трактиров, - ему пришлось искать недолго.

- Monsieur va sans doute au bal?[83].. - Таким вопросом встретил его куафер.

- Да... подле... тут, на Фонтанке... - небрежно отвечал Свистулькин, оглядывая себя в зеркало. - Большой такой дом с подъездом... вы, верно, знаете... дом княгини Z... у нее бал сегодня...

- Connais pas, m-sieur... mais èa ne fait rien, tout de même... veuillez prendre place, monsieur[84]... Мальчик - шипси! - довершил куафер, подавая стул и ловко окутывая посетителя холстяным балахоном.

Француз загремел ножницами и, без сомнения, сообщил бы много интересного касательно Рашели и современной политики если б Свистулькин, проникнутый в этот вечер чувством собственного достоинства, не осведомился свысока о том, много ли в Париже парикмахеров. Вопрос этот озадачил куафера; он отступил шаг, тряхнул напомаженной головой и возразил резко:

- Oui, monsieur, il y a beaucoup d'artistes en cheveux![85] После чего артист снова приблизился к посетителю, потребовал щипцы и принялся завивать его; но не проронил уже слова и во все время обнаруживал столько же почти достоинства, сколько сам Свистулькин.

От куафера Иван Александрович зашел к перчаточнице.

- Quelle couleur désire monsieur... blanc? paille? beurre frais?[86].. - Monsieur va sans doute au bal? - спросила француженка, расправляя перчатки.

- Да... подле... тут, на Фонтанке... - пояснил Иван Александрович... Большой дом... с подъездом... вы, верно, знаете... дом княгини Z... у нее бал сегодня... вы, верно, знаете.

- Comment donc... très bien... la princesse vient touts les jours chez nous[87]... - любезничая, возразила француженка, хотя не знала наверное, о ком шла речь.

---

[83] Вы, сударь, без сомнения, собираетесь на бал? (ред.).

[84] Не знаю, сударь... но это, впрочем, ничего не значит... будьте добры занять место, сударь (ред.).

[85] Да, сударь, там много художников прически (ред.).

[86] Какого цвета вам угодно... белого? палевого? цвета свежего масла? (ред.).

[87] Как же... очень хорошо... княгиня каждый день заходит к нам (ред.).

На Думе било девять, когда Иван Александрович вышел на улицу. Было еще рано ехать; но Свистулькин, движимый нетерпеливым беспокойством, которое усиливалось по мере приближения дома, направился к бирже и нанял карету. Он приказал ехать к княгине, но дал заметить извозчику, чтоб он не слишком, однакож, торопился. Подъехав к дому, он увидел, что там царствовал совершенный мрак; в одном только окне бельэтажа сквозь кисейные занавеси мелькал ряд огней, которые свидетельствовали, что начали зажигать первую люстру. Иван Александрович успокоился; тем не менее сидел он как истукан и решительно не знал, что ему делать и куда деваться до начала бала. Ждать за углом условного часа он не мог: он и без того уже страшно прозяб и принужден даже был крепко стискивать зубы, чтобы они не щелкали. Пальцы его, обтянутые перчаткой, окоченели, горло и грудь ныли от холода. Нечего было думать прибегнуть к какому-нибудь согревающему моциону; одно неосторожное движение могло смять воротнички рубашки или повредить галстучному банту. Как быть? Куда деваться?.. Свистулькин приказал вернуться на Невский и остановился против Пассажа. Войдя в кафе, он спросил стакан чаю и расположился за особым столом.

- Посмотрите, - шепнул какой-то лысоголовый господин, нагибаясь к своему соседу, сидевшему неподалеку от Свистулькина. - Посмотрите, - подхватил он, не замечая, что каждое его слово доходит до слуха Свистулькина, - вот этот молодой человек... видите... судя по костюму, он едет на бал... похоже ли на то, а? Помните, мы езжали на бал - вчуже радовались, на нас глядя!.. Чуть не до потолка скакали от радости! Настоящие были молодые люди!.. Нет, нынче не то; точно, право, старики какие-то... едет на бал и зевает...

Иван Александрович поспешил зевнуть, протянул лениво ноги и скорчил сонливую, недовольную физиономию.

- Ей-богу, зевнул! - подхватил тот же лысоголовый господин. - Вот молодежь-то, а?.. Просто какие-то разочарованные, преждевременно отжившие люди...

При этом Иван Александрович испустил глубокий вздох, потянулся, окинул мрачным взором, позвонил мальчика, расплатился и, не зная, чем довершить репутацию Чайльд-Гарольда, покинул кафе, делая вид, как бы с трудом волочит за собою ноги. Он оживился однакож, когда вступил в Пассаж и очутился посреди гуляющих; но оживление его не было продолжительно; мысль, что воротнички, жилет и галстучный бант пострадают в толпе, заставила его скорее подняться во второй этаж; там царствовала, как и всегда, смертная скука; взволнованный ожиданием,

Свистулькин то и дело смотрел на часы; он решил наконец, что пора ехать, покинул Пассаж, сел в карету и направился к Фонтанке.

Окна Z. горели уже огнями; но не было еще ни одной кареты у подъезда.

"Нет, видно, рано еще! - с отчаянием подумал Свистулькин. - Ах, боже мой, боже мой!.. Куда ж деваться?" - Пошел к Симеону! - заключил он, выражая досаду свою голосом, потому что сам не смел пошевельнуться.

На этот раз кондитерская Рязанова приняла под гостеприимный кров свой простодушного Свистулькина. Он провел тут целых полтора часа, разнообразя время тем лишь, что каждые пять минут подходил к камину и смотрел на часы. Наконец пробило одиннадцать.

- Пора! - промолвил Иван Александрович и вдруг почувствовал, что сердце его как будто дрогнуло. Он поспешил победить в себе такую слабость. Карета его покатила в третий раз к Фонтанке. Прошло десять минут неловкого ожидания, и вдруг карета остановилась, задержанная другими каретами, которые теснились у готического подъезда.

С этой минуты вплоть до того времени, когда дошла до него очередь, Иван Александрович сохранил присутствие духа; и если зубы его щелкали немилосерднейшим образом, по всему телу пробегала дрожь и дрожали колени, так это происходило единственно от холода. Он, точно, смутился, можно даже сказать, почувствовал сильную робость, но это случилось не прежде, как когда он вошел в швейцарскую, снял пальто и очутился во фраке.

Подобно влюбленному, который бежит на свиданье, обдумывая монологи и страстные объяснения самого победительного свойства, и вдруг становится тупее пробки в критическую минуту, Иван Александрович растерялся совершенно; куда девались те грациозные движения и щегольские приемы, которые так восхищали его утром и так справедливо изумляли Анну Ивановну! Ноги его словно приросли к полу; швейцарская, освещенная множеством ламп, обставленная растениями и наполненная лакеями в блестящих ливреях, мелькала перед ним как в тумане.

"Уж не пойти ли лучше назад?" - подумал Иван Александрович, боязливо оглядывая широкую и бесконечно длинную парадную лестницу.

По обеим сторонам этой лестницы на каждой почти ступени стояли лакеи; за спинами их подымался целый лес цветов и зелени, сквозь которую просвечивали блестящие шары ламп, повторявшиеся в зеркалах; по ступеням живописными группами всходили дамы, барышни, молодые люди и почтенные особы со звездами на груди; страх какой-то оковал Ивана Александровича, чему немало способствовали звуки оркестра, неожиданно раздавшиеся в отдалении.

"Право, не уйти ли уж мне назад?.. - повторил он, перенося без всякой цели шляпу свою из одной руки в другую. - Нет же, нет! Что, в самом деле, такое? - промолвил он, заметив несколько лакейских взглядов, устремленных на его особу. - Пойду, все равно... никто меня не съест... что за вздор, постою там у дверей, погляжу на танцующих... а там, если... ну, и назад!.."

Свистулькин перенес шляпу в левую руку и начал подыматься по лестнице: он старался, однакож, не смотреть на стороны и даже опускал глаза каждый раз, как проходил мимо лакея. Немного погодя вступил он в большую белую комнату, украшенную мраморным камином и обставленную зеркалами; тут толпилось еще больше лакеев, чем на лестнице и в швейцарской, но оставалось свободное место подле большой двери в бальную залу; Свистулькин сам не мог надивиться смелости, с какою завладел он этим местом. Прислонившись к косяку, он робким взглядом окинул залу, наполненную танцующими. Почти в ту же минуту в ушах его раздался знакомый голос; он невольно попятился и поднял голову... Но кто опишет трепет Ивана Александровича, когда в трех шагах увидел он графа Слапачинского, который оглядывал его изумленными глазами: по правую руку графа стояла княгиня Z., по левую руку - князь. Свистулькин мгновенно узнал их; ужас разлился по всем суставам и жилкам Ивана Александровича; взгляды князя и княгини следовали одному направлению со взглядами Слапачинского. Одной секунды достаточно было, впрочем, Свистулькину, чтобы откинуться назад и затесаться в густую толпу лакеев; но лакеи тотчас же посторонились. "Пропал! Пропал!" - мог только подумать Свистулькин и снова ринулся в толпу лакеев, которые снова посторонились.

- Спросите этого господина, кого ему угодно? - произнес голос у порога залы.

- Кого вам угодно? - спросил басистый голос над самым ухом Свистулькина, который комкал в замешательстве шляпу свою и блуждал глазами во все стороны.

- Я... мне... мне хотелось узнать... где Варвара Петровна?.. - спросил неожиданно Свистулькин.

- Какая Варвара Петровна? - спросил с удивлением лакей.

- Варвара Петровна... - повторил сквозь слезы Иван Александрович.

- Вы, верно, ошиблись... здесь нет никакой Варвары Петровны.

- Ах, виноват... я, верно, ошибся... это подле... также бал, я ошибся домом...

- Сюда пожалуйте... здесь-с... - произнес тот же лакей, видя, что Свистулькин мечется из угла в угол, отыскивая выходную дверь.

Иван Александрович кинулся вон и торопливо спустился с лестницы, повторяя на каждой почти ступени, что он ошибся. Вид знакомого швейцара возвратил его к сознанию.

- У меня ужасно разболелась голова... - пробормотал он в ответ на удивленный взгляд швейцара; после чего он надел пальто и поспешно оставил дом князя Z.

- Это ужасно! Ужасно! - отчаянно повторял он, удаляясь быстрыми шагами от готического подъезда. - Срам! Опозорен!.. Показаться никуда нельзя теперь... А все ты! Чего недоставало еще! Нет, лезешь, лезешь, дрянь ты этакая, - лезешь! - подхватил он, осыпая себя совершенно неожиданно градом ударов.- Сколько хлопот, сколько приготовлений. Боже мой! - продолжал он сквозь слезы. - И все это пошло прахом, все погибло! Проклятый Слапачинский!..

Так заключил Свистулькин, и, странно, нечаянное восклицание это как будто несколько успокоило его.

Благодаря быстрой ходьбе и особенно кулакам, которые успешнее всякого моциона согревали его тело, он долго не чувствовал холода. Холод взял, однакож, свое; по мере того как остывала внутренняя горячка, побуждавшая Ивана Александровича к сильным порывам и телодвижениям, резкий ветер и мороз действовали сильнее и сильнее. Мысль о простуде овладела душою Свистулькина с первым же щипаньем в горле и мгновенно вытеснила все остальные мысли; он прибавил шагу и, не переставая придерживать рукою шею, не замедлил достигнуть квартиры.

Появление его в такую пору, конечно, удивило Анну Ивановну, ждавшую его не ранее пятого часа утра; все объяснилось однакож, когда он объявил ей о своей головной боли. Он, точно, чувствовал сильное расстройство; но мало-помалу все прояснилось как в душе его, так и в голове; он вспомнил даже об извозчике, которого нанял на всю ночь и который, верно, будет ждать его до шести часов утра; к сожалению, он вспомнил об этом, когда уже лежал в постели. Он задул свечку, закутал голову в одеяло и закрыл глаза. Тем дело и кончилось.

# XI

*Черный день*


- При всем том, надо правду сказать, бал был в самом деле очень хорош! Я не знаю как... но... по крайней мере в последние три, четыре года у нас не было такого бала... Вам, может быть, кажется, что я увлекаюсь, потому что дружен с Z.? Вовсе нет... и, наконец, всем распоряжался князь... а я особенно дружен только с княгиней. Я знал ее еще в детстве, мы одних почти лет... и когда были детьми, всегда играли в Летнем саду; мы часто вспоминаем это время... Нет, в самом деле, я говорю беспристрастно... Не далее как вчера за ужином один из секретарей французского посольства сказал мне: "Клянусь, говорит, клянусь вам честью, что даже в Париже не видал такого бала!" Наконец - я слышал это своими ушами - сам посланник сказал то же самое... он играл в преферанс... а я подошел как-то... Представьте, играли всего каких-нибудь четверть часа, посланник проиграл восемь тысяч - просто страшно!.. Впрочем, немудрено: играли по сто рублей серебром поэн![88] Одним словом, об этом бале будут говорить в Петербурге!.. Разумеется, этому великолепию много способствовало состояние Z. Но я говорю вам не столько о роскоши, сколько о вкусе; что роскошь! роскошь - вздор; вкус, вот что главное! Они особенно хорошо распорядились с лестницей; удивительно, как это было мило, такой приятный вид: весь потолок обвит был виноградом... куда ни взглянешь, висят гроздья, вот... вот этакие!.. Просто неловко даже как-то: думаешь, того и смотри еще оборвется, да на голову еще грохнется... На каждой ступени, по обеим сторонам, везде статуи. Бальная зала немножко не соответствовала как будто лестнице, но невозможно, впрочем, решительно невозможно: представьте себе, три этажа вышины, я думаю, сажен двадцать, не считая хоров: в ней свободно танцуют пятьсот человек, вчера было больше, и заметьте, при всем том просторно... Вы можете судить после того, каковы должны быть стены этой залы... недостанет никакого состояния, чтобы убрать их с роскошью... разумеется, все усеяно было розанами, везде, везде, но это очень обыкновенно... Зала графини N. несравненно лучше, надо правду сказать... Она меньше, но как-то... совершенно другое. Но это ничего не значит; зала лучше, но балы у N. во сто раз хуже... я не знаю, но там всегда какая-то скука, смертельная скука... хандра даже какая-то... все принужденно, все натянуто... Балы Z. тем именно и отличаются, что там встречаешь

---

[88] Поэн - ставка (ред.).

радушие; все улыбается, все весело, а это, как хотите, зависит уж собственно от хозяев... Надо то же сказать и об ужинах Z.: их ужины несравненно лучше; вчера, например, к десерту за ужином вдруг подают... землянику! Земляника, легко сказать! Но вы посудите, во-первых: конец октября; во-вторых: пятьсот человек гостей! Все бы это ничего, если б земляника была оранжерейная - с деньгами все можно достать; наконец у Z. свои оранжереи, и тут ничего бы не было удивительного, но штука в том, что нам подавали лесную землянику, вот что удивительно! Как? Откуда? Каким образом ухитрились они достать ее? Вот что всех поразило!.. Я, признаюсь, сам даже удивился и говорю графу Слапачинскому (школьный товарищ, очень добрый малый): "Скажи, братец, говорю, что за фантазия пришла Z.? Сколько денег стоит им эта земляника? И, наконец, откуда могли они достать ее?" - "Этого, братец, говорит он, не могу сказать, знаю только, что хотели этим подпустить шпильку княгине X.". - "Каким образом?" - говорю я. "А таким образом, говорит, что у X. подавали в январе прошлого года шпанскую вишню, так вот теперь Z. и хотели..." Ну, понимаете... В большом свете только и думают о том, как бы перещеголять друг друга... У X. подавали вишню в январе, Z. надо, следовательно, удивить лесной земляникой в октябре... это очень натурально... а все-таки, как подумаешь об этом, так даже грустно как-то делается... Охо-хо!.. - заключил рассказчик, меланхолически улыбаясь.

Так передавал свои впечатления Свистулькин, сидя у Беккеров на другой день после знаменитого бала. Иван Александрович был очень весел: по крайней мере он казался таким; во всяком случае нам остается удивляться ему.

Он проснулся в это утро с сильною головною болью; голова его нестерпимо болела даже теперь; к этому присоединилось колотье в груди и горле; он чувствовал, что жестоко простудился накануне, и трепетно ожидал свинки; он почувствовал, сверх всего, беспокойство, невольно пробуждаемое перспективой визита к Беккерам; он, разумеется, не сомневался в благоприятном результате этого визита, но все-таки не мог освободиться от волнения, которое овладевает самым мужественным сердцем в минуты подобных ожиданий. При всем том, как видите, Ивану Александровичу достало силы приготовить материалы для приятной беседы; победив в себе головную боль, колотье в груди и горле и внутреннее беспокойство, он оделся со всевозможным тщанием, завился даже и отправился к Беккерам.

Из всего этого, а также из приведенных выше рассказов Ивана Александровича - рассказов, оживленных веселостью и приправленных блестками самого игривого воображения, - мы можем заключить, сколько еще жизни, сколько молодости и энергии сохранял в душе своей этот истинно замечательный молодой человек!

Беккеры отчасти также способствовали приятному расположению своего гостя; он с первого взгляду прочел в лицах отца, матери и дочери счастливое решение судьбы своей; это ободрило его, и он решился немедленно приступить к главной цели своего посещения. Обстоятельства нашего героя были таковы в самом деле, что никак не следовало откладывать: после задатка, отданного Беккеру, у него оставалось всего сто двадцать рублей ассигнациями; сто рублей предназначались, как уже известно, на подарок невесте; что ж касается до двадцати остальных - сами знаете - недалеко с ними уедешь, особенно ведя светскую жизнь. Итак, Иван Александрович решился приступить к решению вопроса; для этого прежде всего следовало скорчить серьезную, проникнутую чувством физиономию; первое дело было уже сделано; оставалось теперь завязать разговор, причем требовалось соблюсти некоторую постепенность при переходе от предыдущего монолога; основываясь на этом, Иван Александрович продолжал в следующем тоне:

- Да, почтеннейший Андрей Андреич, да! Несмотря на всю эту роскошь, несмотря на то, что вчерашний бал был в самом деле великолепен, - я не знаю, что происходило со мною... Странно: во всю мою жизнь не чувствовал я такой скуки... странно, даже знаете - грустно как-то... О! Вы не знаете еще, почтенная Вильгельмина Карловна, - вы не знаете, и давай вам бог никогда не знать! - как эта жизнь, эти балы и вечера большого света, как они стареют человека! Вот я, например, я еще молодой человек, - что мне! каких-нибудь двадцать три года! - а чувствую, что стар... меня уже не веселят ни танцы, ни все это... Поверите ли, я не мог даже протанцовать вчера ни одной кадрили... чувствую, что неучтиво, а между тем не могу, просто не могу; такая какая-то душевная тоска, грусть - ужас! Весь вечер просидел я подле бальной залы и глядел на танцующих; неужто, думал я, вся наша жизнь должна проходить в этом!.. Надо вам сказать, эта комната подле бальной залы всегда располагает меня к таким мыслям... Это моя любимая комната из всех нарядных комнат в доме Z... Представьте себе, Шарлотта Андреевна, она устроена в виде сада - везде деревья, клумбы, дорожки... Вокруг стен померанцы, на потолке плющ, посреди фонтан... так, небольшой, но все равно - приятно прислушиваться к журчанью воды... кругом птички летают, под деревьями везде скамеечки... все это так мило... Я всегда сижу там, когда прихожу к княгине... Я, впрочем, больше люблю, когда меня оставляют там одного, особенно, знаете, во время бала: в отдаленье музыка, говор, танцуют... а я один посреди зелени... славно! Я ужасно люблю зелень и... цветы; это моя слабость! Вы знаете, Андрей Андреич, я ненавижу карты, ненавижу вина; меня не увлекают ни балы, ни роскошь... неужто после этого нельзя себе позволить какой-нибудь слабости! Признаюсь вам откровенно: я не могу видеть равнодушно хорошенького цветка; я никогда не пропускаю цветочника и уж всегда накуплю у него бог знает сколько!.. Что ж делать! У всякого человека есть своя слабость!.. В моей квартире вы не найдете ни дорогой мебели, ни картин - все очень просто; но зато - везде цветы. У меня всего пять комнат, больше мне не к чему, да и то много, я нахожу... Я провожу жизнь в кабинете и очень мило его устроил... особенно один угол: у меня там камин, кругом цветы, против два банана, и листья их падают на самое кресло - это любимый мой приют... я непременно перенесу все это сюда, когда мы устроим наше дело и я войду во владение этим домом... Я думаю устроить лучше всего камин в этой комнате... вон там, в углу...

Андрей Андреич, его жена и Лотхен слушали рассказчика с заметным удовольствием; Лотхен казалась особенно восхищенною; с последними словами Ивана Александровича она опустила глазки, и щеки ее зарделись от удовольствия; желая, вероятно, скрыть свое смущение от отца и матери, которые часто поглядывали на нее с улыбкой, она повернулась к окну и взглянула на улицу; но личико ее почти в ту же секунду обратилось к присутствующим, и она радостно объявила, что по тротуару идут дядя Карл и дядя Готлиб.

- А, очень рад, - сказал Андрей Андреич, тяжело приподымаясь на монументальные ступни свои, - очень рад, я нарочно позвал их... мне хочется познакомить вас с ними, Иван Александрович... это добрые наши родственники, женины братья...

- Помилуйте, почтеннейший Андрей Андреич, я в восхищении... - поспешил возразить Свистулькин. - Поверьте, все, что вам близко... для меня... мм... я очень рад познакомиться и заранее... я даже люблю их... - добавил он, горячо пожимая руку старика.

И чтобы доказать, вероятно, как нетерпеливо желал он увидать братьев своей будущей тещи, Иван Александрович поспешил выглянуть в окно; но едва только глаза его устремились на улицу, он испустил слабый крик, отпрянул назад и, как безумный, забегал по комнате, отыскивая свою шляпу. Андрей Андреич и Вильгельмина Карловна оглядывали его удивленными глазами; лицо Лотхен, обращенное к Ивану Александровичу, выразило беспокойство.

- Что с вами? - спросил Андрей Андреич.

- Я нездоров... это у меня вдруг... я всегда так... Ах, боже мой!.. - бессвязно бормотал Свистулькин, пробегая несколько раз мимо шляпы и не замечая ее.

Звонок, раздавшийся неожиданно в дверях, подкосил ногн Ивану

Александровичу, и он упал на ближайший стул; он мгновенно, однакож, оправился, быстро поднялся на ноги и стремительно ринулся к своей шляпе; но в эту самую минуту дверь отворилась, и на пороге показались Карл и Готлиб Шамбахеры. Иван Александрович остановился как вкопанный.

- Junger Swistulkin! - воскликнули оба Шамбахера, с недоумением взглядывая друг на друга.

Иван Александрович хотел что-то сказать, но растерялся окончательно и выронил шляпу, которая покатилась под рояль.

- Что это все значит? - произнес Андрей Андреич, блуждая глазами.

- Что случилось? - воскликнула госпожа Беккер.

- Как вы сюда попали?.. Зачем вы здесь? Ага!.. Нет, теперь мы вас не выпустим! - прокричали вместо ответа оба Шамбахера, заграждая дорогу Свистулькину, который бросился было к двери.

- Я ничего не понимаю... - проговорил Андрей Андреич, разводя руками. - Разве вы знакомы?

- Мы?.. Очень хорошо! Ага, saperlott! - снова прокричали Шамбахеры, но взглянули друг на друга и неожиданно разразились громким смехом.

- Я, точно... мы знакомы... они... я... мы... вышло недоразумение... Карл Карлыч, я все устрою, клянусь вам... Готлиб Карлыч, уверяю вас... - бормотал Иван

Александрович, возводя умоляющие взгляды то на портного, то на сапожника.

- Мы все это уже слышали сто раз! - с сердцем перебил Карл. - Теперь нас не проведешь.

- Деньги, Donner Wetter, деньги! А то не выпустим! - подхватил раздраженный Готлиб, яростно выпучивая глаза.

- Расскажете ли вы мне наконец, что все это значит? - вымолвил Андрей Андреич, освобождаясь, может статься, первый раз в жизни от своей апатии, чему сильно способствовал отчаянный вид Лотхен, которая тряслась всем телом, между тем как мать старалась всячески успокоить ее.

- Это значит, - злобно воскликнул Готлиб, - значит, что этот господин - verfluchter Kerl! - и больше ничего.

При этом Вильгельмина Карловна всплеснула руками и выпустила Лотхен, которая упала на стул и зарыдала; Андрей Андреич раскрыл глаза еще шире и на секунду превратился в совершенного истукана.

- Да, - подхватил Карл, - это verfluchter Kerl! Он нас обманул; два года, как обманывает! Даже третьего дня, как мы встретились с Вильгельминой на Невском, он убежал от нас в кафе, убежал через задний ход.

- Фуй, фуй... - проговорил Андрей Андреич, сам не зная, к кому отнести такое изъявление своего неудовольствия.

Положение Ивана Александровича становилось невыносимым: спастись бегством - не было возможности; оставалось одно средство выйти из тисков; средство заключалось в том, чтобы предложить Шамбахерам те триста рублей, которые даны были Беккеру в виде задатка. Сквозь туман, застилавший мысли Свистулькина, он чувствовал, что все погибло; все подавлялось, однакож, желанием выбраться скорее на улицу. Он готовился уже открыть рот, чтобы сообщить булочнику свое намерение, но Карл Шамбахер предупредил его; он обратился к Андрею Андреичу и неожиданно спросил его, как случилось, что junger Swistulkin находится в его квартире.

- Он пришел покупать дом, - торопливо отвечал булочник, начинавший бояться, чтобы братья не догадались о настоящей причине посещений молодого человека.

- Какой дом?

- Этот дом.

Карл и Готлиб взглянули с удивлением друг на друга, потом на Свистулькина и разразились новым смехом.

- Was noch? - спросила Вильгельмина Карловна, издавая жалобные вздохи.

- Да у него гроша нет! - заговорил Карл. - Он должен мне два года триста рублей за жилет Napolêon, панталоны fantaisie...

- Мне за три пары сапогов - и отдать не может! - энергически подхватил Готлиб.

- Он дал мне задаток третьего дня... триста рублей, - пробормотал Беккер.

- Задаток! Триста рублей! - воскликнули изумленные Шамбахеры.

- Андрей Андреич! - закричал с чувством оскорбленного достоинства Свистулькин. - Я решительно не понимаю... после того, что здесь случилось... эти... господа... я не привык к таким сценам... Андрей Андреич, отдайте им эти триста рублей!

Сказав это, Иван Александрович сделал шаг к двери, но Готлиб загородил ему дорогу.

- А мне кто заплатит? - спросил он.

- Я... я заплачу... только пустите... заходите ко мне... все отдам... - возразил Свистулькин, снова порываясь к двери.

- Нет, Potz-Tausend, нет, отдавайте сейчас! - заревел Готлиб, защищая дверь.

Тут Готлиб, в груди которого снова закипело негодование, принялся рассказывать с ужасающими подробностями проделки, употребленные Свистулькиным, чтобы не платить ему денег; несмотря на то, что голос, лицо и движения Готлиба дышали прямотою; несмотря на то даже, что

78

Карл подтвердил показания Готлиба касательно жалкой обстановки и даже нищеты Ивана Александровича, - Андрей Андреич и супруга его все еще не хотели верить; они вмешались в разговор и заикнулись о лакеях Ивана Александровича, его пяти комнатах, камине и бананах. Но Готлиб, а за ним и Карл объявили наотрез, что все это ложь, вздор, и, перебивая друг друга, представили во всей наготе своей житье-бытье нашего героя.

Во все это время Свистулькин покушался несколько раз прорваться в прихожую, но всякий раз Готлиб распространял руки поперек двери и, подкрепляемый Карлом, останавливал Ивана Александровича. Неизвестно, чем бы все это кончилось, если б подле окна, у которого находилась Лотхен, не раздалось внезапно пронзительного крика и Лотхен не упала бы в обморок. Вильгельмина Карловна стремительно побежала к дочери; Андрей Андреич последовал ее примеру; дядя Карл последовал примеру Беккера; дядя Готлиб побежал в кухню за свежею водою.

Когда десять минут спустя опасность миновала и члены почтенного семейства, начинавшие оправляться от испуга, обратили полные негодования взоры к Ивану Александровичу, глаза их встретили совершенно пустое место. Ивана Александровича давно уже не было.


# XII

### Заключение


Не знаю, приводилось ли какому-нибудь смертному находиться в том самом положении, какое испытывал Иван Александрович в предыдущей главе. Нет, однакож, никакой возможности ручаться, чтобы происшествие с Свистулькиным принадлежало к разряду самых редких, исключительных фактов. Такие происшествия должны случаться - редко, может быть, но должны, непременно должны случаться; мне, по крайней мере, так кажется. Несомненно то только, за что отвечаю головою, что из числа моих читателей - все равно, сколько бы их ни было, - ни один не испытывал ничего подобного. Мало того, читатели мои далеки даже от мысли, чтобы могли существовать люди, которые лгут на каждом шагу, прячутся под ворота при встрече с кредиторами, не платят извозчикам и тому подобное; такой человек кажется им чудовищным вымыслом. Нечего и говорить, следовательно, что моральное состояние, в которое может быть ввергнут человек, поставленный в теперешнее положение Свистулькина, совершенно ново и незнакомо моим читателям. Основываясь на этом, мне необходимо сказать еще несколько слов о моем герое.

В первую минуту, как только освободился он из тисков Шамбахеров, и во все время, как спускался с лестницы Беккера, душа его находилась под непосредственным влиянием страха, который придавал необычайную живость ногам. Но живость эта прошла вместе с опасностью. Степень уныния Ивана Александровича достаточно, кажется, выразится, если мы скажем, что он прошел длинную улицу и ни разу не поднял головы, ни разу даже не провел языком по губам, даром что мимо его поминутно проносились кареты с дамами.

Им овладело вдруг какое-то убийственное равнодушие. Равнодушие это распространялось с одинаковой силой как на самую жизнь, так и на людей; при мысли о братьях Шамбахерах, мысль, которая не покидала его ни на секунду, род человеческий казался ему до того злобным, что он зажмуривал даже глаза при встрече с пешеходами. Он шел, сам не зная куда и зачем. Он оставался бесчувственным ко всему окружающему, даже к холоду и ветру, который дул с такою силой, что все, начиная с вывесок и кончая людьми, принимало наклоненное положение; холод превратил снег в обледенелую крупу, которая обсыпала Ивана Александровича с головы до ног и таяла за его галстуком; он не подумал даже поднять воротник.

Бесчувственность эта, признак самого глубокого отчаяния, овладела, казалось, всем существом его. В голове его царствовал беспорядок. Одна только мысль, мысль горькая, которую могла породить одна только страшная безнадежность положения, брала иногда верх над другими; мысль заключалась в том, что снова приходится читать задние страницы газеты, снова приходится записывать адресы и действовать на трудном поприще покупщика домов без гроша денег в кармане. Самая эта мысль мелькала в голове его как-то неопределенно, смутно, как потухающий фонарь в вечернем тумане; и если он повиновался ей, если направил шаги к знакомой кондитерской, то сделал это почти машинально.

Ничто уже не в силах было занять его на улице. Раз только поднял он голову и обратил внимание на одного господина, но и то потому лишь, что господин представлял в самом деле поразительное зрелище: на нем было новенькое пальто, доходившее чуть не до пяток. "Этакий урод!" - пробормотал с раздражительностью Свистулькин.

И нет сомнения, он перестал бы думать об этом предмете, если б вслед за тем глаза его не встретили другого господина в таком же точно длинном пальто; за вторым господином последовал третий, за третьим - четвертый и т. д. - все до единого были в длинных пальто, доходивших чуть не до пяток.

"Странно!" - подумал Иван Александрович.

Это обстоятельство дало на минуту новое направление его мыслям: не могу сказать утвердительно, в чем состояло новое это направление; знаю только, что оно незаметно, шаг за шагом, привело его в магазин, где продавалось готовое платье. Он сам не мог дать себе отчета, что именно привело его туда; приобретение новомодного пальто, конечно, мало занимало его мысли; он действовал совсем бессознательно, и всего вероятнее, им управляли в этом случае отчаянье и полная уверенность в безнадежности настоящего своего положения.

"Э! Что уж тут!.. - рассудил он сам с собою, машинально ощупав карман и подавив вздох. - Будь у меня тысяча, я бы, конечно, стал беречь ее; но что значат какие-нибудь сто рублей!.. Стоит ли на них рассчитывать! Есть они, нет их, одно и то же; остаться без гроша днем раньше, днем позже, все равно, пропадай уж заодно!.."

Иван Александрович вошел в магазин готового платья. Надо было видеть, с какою убийственною холодностью отсчитал он восемьдесят рублей, надо было видеть, с каким невозмутимым спокойствием вышел он в новомодном пальто на улицу. Трудно было узнать в нем человека, который радостно трепетал, бывало, с головы до ног, прогуливаясь в новом галстуке или чистых перчатках!

Путаясь в длинных полах нового пальто, Свистулькин направился к знакомой кондитерской. Войдя туда, он ни на кого не взглянул, мрачно забился в отдаленный угол и положил голову на ладонь. Груда газет лежала подле него; но самая мысль взглянуть на них, казалось, тяготила его; наконец он принужденно придвинул к себе первый попавшийся лист. Но едва пестрая страница объявлений зарябила в глазах его, все улегшиеся было воспоминания снова пробудились в душе Ивана Александровича; он словно совсем даже упал духом и поспешил отвернуться, чтобы скрыть слезы, которые навернулись сами собою.

По прошествии некоторого времени он успокоился и снова положил голову в ладонь; глаза его с явным отвращением окинули страницу объявлений. Известий о продающихся домах было достаточно; но Свистулькин не остановился ни на одном из них; он торопливо переводил глаза на соседние строчки, где говорилось о сбежавших собаках, говорилось о каретах, лошадях, помаде, учителе, ищущем места, и проч. В числе этих объявлений одно особенно обратило на себя его внимание; это случилось потому, я полагаю, что объявление заключалось в великолепной рамке и напечатано было необыкновенно крупными буквами: "Великолепные голландские рубашки!"

Строчка эта прежде всего бросилась в глаза. "В истории туалета, - гласило дальше объявление, - белье также имело свои периоды; достигнув неслыханной роскоши во время Людовика XIV, роскоши, которая рассыпалась кружевами и блондами из-под бархатных кафтанов, шитых серебром и золотом, впоследствии даже в самой столице вкуса белье скрывалось под безобразным призраком одежды - манишкою, пока, наконец, мода, примирив роскошь с комфортом, красоту с экономией, определила, какую роль рубашка, предмет первой необходимости, играет в составе туалета... Этот предмет и стараюсь я довести до всевозможного совершенства!.." Затем следовал адрес знаменитого торгового дома, приобретшего лестное доверие публики в самое короткое время, и подпись: "Альфонс Флуер".

Ивану Александровичу было, разумеется, не до рубашек; он прочел, однакож, объявление до конца, и к этому, без сомнения, побуждало его одно любопытство, которое, как известно, не покидает нас в самые критические минуты жизни. Он рассеянно пробежал несколько соседних объявлений, в числе которых находились два-три известия о продающихся домах, но не записал ни одного из них; после этого он поднялся с места и, не съев макарон, не прикоснувшись даже к пирожку, - был, однакож, уже четвертый час, - вышел из кафе в таком душевном расстройстве, какого никогда еще не чувствовал.

Тоска и уныние, казалось, еще сильнее овладели Иваном Александровичем, когда он вошел в Пассаж. Вид двери кафе Бренфо и зеркального окна, за которым все еще лежали три устричные раковины и плескалась рыба, до того показались противными Свистулькину, что он тотчас же оставил здание Пассажа и вышел на Невский. Ветер свирепел попрежнему, и едва Иван Александрович ступил на тротуар, как несколько крупинок мерзлого снега снова попали ему за галстук; он попрежнему не обратил на это внимания и вообще оставался так же бесчувственным ко всему окружающему. Так добрел он до Полицейского моста и повернул в Морскую.

Сделав несколько шагов, он остановился и машинально оглянулся вокруг. Он стоял против огромного зеркального окна, за которым, в привлекательной симметрии, висели и лежали ослепительной белизны рубашки; на каждом стекле окна сверкающими золотыми буквами изображено было имя Альфонса Флуера. Свистулькин сделал безотрадный жест рукою и медленными шагами поднялся в магазин.

- Всего сорок рублей остается, двенадцать целковых все равно что ничего! Не стоит даже и думать об этом, - пробормотал он, отворяя дверь Альфонса Флуера.

Четверть часа спустя он снова явился на улице. Новомодное пальто Ивана Александровича было расстегнуто и позволяло любоваться новой рубашкой с вышитой манишкой. Но рубашка так же мало занимала его, повидимому, как и все остальное; он повернулся на Невский и прямо пошел против ветра.

С каждым шагом вперед лицо Свистулькина значительно синело от стужи и сверх того принимало все более и более мрачное выражение; он точно искал смерти. И в самом деле, при мысли, что в кармане его осталось всего два с полтиной, мысли, которая явилась во всем ослепляющем блеске своем, как только вышел он из магазина Флуера, - он понял, что ему не было уже никакой возможности продолжать существование. Проникаясь, верно, все сильнее и сильнее такою мыслью, он ни разу не застегнул пальто и, что всего ужаснее, выступал с умышленною медленностью к Аничкину мосту, выставляя всем напоказ свою вышитую рубашку. Так прошелся он бесчисленное множество раз взад и вперед и всякий раз норовил задерживать шаг, когда обращался грудью к ветру. Давно уже смерклось, а Иван Александрович все еще не покидал тротуара Невского проспекта. Наконец он окоченел уже до того, что едва мог передвигать ногами; удушливый кашель, овладевший его горлом, помешал даже ему объяснить извозчику улицу своего дома: он махнул только рукою, сел без торгу и поехал.

Войдя в квартиру, Свистулькин едва-едва нашел силы, чтобы отказаться от чаю, предложенного Анной Ивановной; не дожидаясь возражений, он разделся и бросился в постель. Часа два спустя Иван Александрович начал бредить, бредил всю ночь страшную чепуху, так что Анна Ивановна, подходившая несколько раз к его изголовью, решила уже, что жилец ее снова нажил себе свинку. Но предположения Анны Ивановны оказались неосновательными: на другое утро не оставалось ни малейшего сомнения, что Иван Александрович лежал в жесточайшей горячке.

Болезнь Ивана Александровича продолжалась очень долго; не могу сказать, сколько именно дней и недель длилась она, знаю только, что времени этого достаточно было, чтобы изменить судьбу многих лиц, которых случай сталкивал с Иваном Александровичем на пути жизни.

На днях, например, получили мы скорбное известие о совершеннейшем разорении трактирщика Фурно. В этом единодушно почти обвиняют господина с крашеными бакенами; но обвинение это - я знаю из верных источников - не совсем основательно; точно, джентльмен в крашеных бакенах обедал у Фурно два года сряду, не заплатил ему ни гроша и даже, если хотите, перешел в другой трактир при первом настоятельном требовании долга; справедливость заставляет сказать, однакож, что гибели Фурно столько же, если не больше, способствовали три собеседника господина с крашеными бакенами: все трое отказались платить; сумма их долга в три раза превышала счет господина в крашеных бакенах; Фурно не вынес последнего удара. Джентльмены перешли теперь к Жамбону, куда не замедлил переселиться и крашеный господин; они всякий день славно обедают и вообще, как слышно, славно проводят время.

Не менее приятно проводит также время и господин, напугавший когда-то Свистулькина в кафе Пассажа; он продолжает повествовать всем и каждому о распространении злокачественных инфузорий и положительно доказывает, что единственное спасение от них заключается в добром стакане портвейна; доводы его всякий раз увенчиваются успехом, что и подтверждается его носом, который с каждым днем все более и более краснеет.

Более всего нас поразил, однакож, переворот, происшедший с Готлибом Шамбахером; мрачная лавка его, помещавшаяся в подвальном этаже, уже не существует; Готлиб переселился в Гороховую. Когда вы пойдете по этой улице, советую вам обратить внимание на его магазин; особенно советую вам обратить внимание на его вывеску; впрочем, вы сделаете это и без моего совета, потому что такой огромной ботфорты, какая качается над дверью сапожника Шамбахера, никто еще не видал, и она по всей справедливости должна изумлять пешехода.

Карл Шамбахер (из Лондона) распорядился иначе, и превосходно сделал. Собрав остальные долги свои - что, мимоходом сказать, было легче, чем получить долг Ивана Александровича, - он прекратил мастерство и живет теиерь припеваючи: каждое утро, заложив руки за спину, прогуливается по Невскому в гороховом пальто, пьет перед обедом шнапс, а вечером играет в шашки. Мрачный, отчасти даже свирепый нрав, заслуживший ему название verfluchter Kerl, оставил его, как только разделался он с последним должником; его зовут теперь не иначе, как весельчак Карл. Не далее как на свадьбе племянницы его Лотхен он уморил всех со смеху, танцуя гросфатер с сестрой Вильгельминой.

Андрей Андреич продал дом; лучше всего то, что он продал его господину, который недели через две предложил руку его дочери. Новый дом Беккера принадлежал к числу лучших частных домов Петербурга. Андрей Андреич продолжает, однакож, попрежнему печь булки и сухари, и вообще перемена состояния и постепенное увеличение капитала нимало не изменяет его мирных привычек; единственная перемена, которую он позволил себе, заключалась в том, что при переезде в новый дом он велел заново вызолотить крендель, заменяющий ему вывеску.

С некоторых пор Вильгельмина Карловна все чаще и чаще заговаривает о каких-то сахарных крендельках, которые намеревается печь; вместе с этими крендельками в голове ее непосредственно вяжется мысль о внучке; надо полагать, последняя эта мысль на чем-нибудь основывается... Что ж! Будем надеяться...

Как видите, болезнь Ивана Александровича должна была долго продолжаться. Не знаю решительно, что происходило с ним во все это время и какие мысли волновали его ум и душу; я совершенно потерял его из виду с того самого дня, как он в последний раз гулял по Невскому в новом пальто и новой рубашке. В последнее время, признаюсь, я как-то охладел к нему и мало о нем заботился... Дело в том, что на следующее утро после того, как он занемог, я встретил на Невском несколько молодых людей, которые представляли такое разительное сходство с Иваном Александровичем, что я тотчас же утешился и - сказать ли? - забыл даже о существовании прежнего Свистулькина. Недавно только, и то стороною, узнал я, что он умер в какой-то больнице и похоронен в новом пальто и новой рубашке.

Сознаюсь вам чистосердечно, известие это произвело на меня слабое действие. И в самом деле, не из чего было много огорчаться: во-первых, Свистулькиных такое множество на свете, что умирай они хоть десятками, все-таки останется их довольно; во-вторых... но и во-вторых, не стоит много огорчаться... одного разве жаль: жаль нового пальто и новой рубашки, которые унес он с собою в могилу... А впрочем, рассудив хорошенько, не стоит даже жалеть и об этом.

# ГУТТАПЕРЧЕВЫЙ МАЛЬЧИК

"...Когда я родился - я заплакал;
впоследствии каждый прожитой день объяснял мне,
почему я заплакал, когда родился..."

## I

Метель! Метель!! И как это вдруг. Как неожиданно!!! А до того времени стояла прекрасная погода. В полдень слегка морозило; солнце, ослепительно сверкая по снегу и заставляя всех щуриться, прибавляло к веселости и пестроте уличного петербургского населения, праздновавшего пятый день масленицы. Так продолжалось почти до трех часов, до начала сумерек, и вдруг налетела туча, поднялся ветер, и снег повалил с такою густотою, что в первые минуты ничего нельзя было разобрать на улице.

Суета и давка особенно чувствовалась на площади против цирка. Публика, выходившая после утреннего представления, едва могла пробираться в толпе, валившей с Царицы на Луга, где были балаганы. Люди, лошади, сани, кареты - все смешалось. Посреди шума раздавались со всех концов нетерпеливые возгласы, слышались недовольные, ворчливые замечания лиц, застигнутых врасплох метелью. Нашлись даже такие, которые тут же не на шутку рассердились и хорошенько ее выбранили.

К числу последних следует прежде всего причислить распорядителей цирка. И в самом деле, если принять в расчет предстоящее вечернее представление и ожидаемую на него публику,- метель легко могла повредить делу. Масленица бесспорно владеет таинственной силой пробуждать в душе человека чувство долга к употреблению блинов, услаждению себя увеселениями и зрелищами всякого рода; но, с другой стороны, известно также из опыта, что чувство долга может иногда пасовать и слабнуть от причин, несравненно менее достойных, чем перемена погоды. Как бы там ни было, метель колебала успех вечернего представления; рождались даже некоторые опасения, что если погода к восьми часам не улучшится - касса цирка существенно пострадает.

Так или почти так рассуждал режиссер цирка, провожая глазами публику, теснившуюся у выхода. Когда двери на площадь были заперты, он направился через залу к конюшням.

В зале цирка успели уже потушить газ. Проходя между барьером и первым рядом кресел, режиссер мог различить сквозь мрак только арену цирка, обозначавшуюся круглым мутно-желтоватым пятном; остальное все: опустевшие ряды кресел, амфитеатр, верхние галереи - уходили в темноту, местами неопределенно чернея, местами пропадая в туманной мгле, крепко пропитанной кисло-сладким запахом конюшни, амьяка, сырого песку и опилок. Под куполом воздух так уже сгущался, что трудно было различать очертание верхних окон; затемненные снаружи пасмурным небом, залепленные наполовину снегом, они проглядывали вовнутрь, как сквозь кисель, сообщая настолько свету, чтобы нижней части цирка придать еще больше сумрака. Во всем этом обширном темном пространстве свет резко проходил только золотистой продольной полоской между половинками драпировки, ниспадавшей под оркестром; он лучом врезывался в тучный воздух, пропадал и снова появлялся на противоположном конце у выхода, играя на позолоте и малиновом бархате средней ложи.

За драпировкой, пропускавшей свет, раздавались голоса, слышался лошадиный топот; к ним время от времени присоединялся нетерпеливый лай ученых собак, которых запирали, как только оканчивалось представление. Там теперь сосредоточивалась жизнь шумного персонала, одушевлявшего полчаса тому назад арену цирка во время утреннего представления. Там только горел теперь газ, освещая кирпичные стены, наскоро забеленные известью. У основания их, вдоль закругленных коридоров, громоздились сложенные декорации, расписные барьеры и табуреты, лестницы, носилки с тюфяками и коврами, свертки цветных флагов; при свете газа четко обрисовывались висевшие на стенах обручи, перевитые яркими бумажными цветами или заклеенные тонкой китайской бумагой; подле сверкал длинный золоченый шест и выделялась голубая, шитая блестками, занавеска, украшавшая подпорку во время танцевания на канате. Словом, тут находились все те предметы и приспособления, которые мгновенно переносят воображение к людям, перелетающим в пространстве, женщинам, усиленно прыгающим в обруч с тем, чтобы снова попасть ногами на спину скачущей лошади, детям, кувыркающимся в воздухе или висящим на одних носках под куполом.

Несмотря, однако ж, что все здесь напоминало частые и страшные случаи ушибов, перелома ребер и ног, падений, сопряженных со смертью, что жизнь человеческая постоянно висела здесь на волоске и с нею играли, как с мячиком,- в этом светлом коридоре и расположенных в нем уборных встречались больше лица веселые, слышались по преимуществу шутки, хохот и посвистыванье.

Так и теперь было.

В главном проходе, соединявшем внутренний коридор с конюшнями, можно было видеть почти всех лиц труппы. Одни успели уже переменить костюм и стояли в мантильях, модных шляпках, пальто и пиджаках; другим удалось только смыть румяна и белила и наскоро набросить пальто, из под которого выглядывали ноги, обтянутые в цветное трико и обутые в башмаки, шитые блестками; третьи не торопились и красовались в полном костюме, как были во время представления.

Между последними особенное внимание обращал на себя небольшого роста человек, обтянутый от груди до ног в полосатое трико с двумя большими бабочками, нашитыми на груди и на спине. По лицу его, густо замазанному белилами, с бровями, перпендикулярно выведенными поперек лба, и красными кружками на щеках, невозможно было бы сказать, сколько ему лет, если бы он не снял с себя парика, как только окончилось представление, и не обнаружил этим широкой лысины, проходившей через его голову.

Он заметно обходил товарищей, не вмешивался в их разговоры. Он не замечал, как многие из них подталкивали друг друга локтем и шутливо подмигивали, когда он проходил мимо.

При виде вошедшего режиссера он попятился, быстро отвернулся и сделал несколько шагов к уборным; но режиссер поспешил остановить его.

- Эдвардс, погодите минутку; успеете еще раздеться! - сказал режиссер, внимательно поглядывая на клоуна, который остановился, но, по-видимому, неохотно это сделал,- подождите, прошу вас; мне надо только переговорить с фрау Браун... Где мадам Браун? Позовите ее сюда... А, фрау Браун! - воскликнул режиссер, обратясь к маленькой хромой, уже не молодой женщине, в салопе, также не молодых лет, и шляпке, еще старше салопа.

Фрау Браун подошла не одна: ее сопровождала девочка лет пятнадцати, худенькая, с тонкими чертами лица и прекрасными выразительными глазами.

Она также была бедно одета.

- Фрау Браун,- торопливо заговорил режиссер, бросая снова испытующий взгляд на клоуна Эдвардса,- господин директор недоволен сегодня вами - или, все равно, вашей дочерью: очень недоволен!.. Ваша дочь сегодня три раза упала и третий раз так неловко, что перепугала публику!

- Я сама испугалась,- тихим голосом произнесла фрау Браун,- мне показалось, Мальхен упала на бок...

- А, па-па-ли-па! Надо больше репетировать, вот что! Дело в том, что так невозможно; получая за вашу дочь сто двадцать рублей в месяц жалованья...

- Но, господин режиссер, бог свидетель, во всем виновата лошадь; она постоянно сбивается с такта; когда Мальхен прыгнула в обруч - лошадь опять переменила ногу, и Мальхен упала... вот все видели, все то же скажут...

Все видели - это правда; но все молчали. Молчала также виновница этого объяснения; она ловила случай, когда режиссер не смотрел на нее, и робко на него поглядывала.

- Дело известное, всегда в таких случаях лошадь виновата,- сказал режиссер.- Ваша дочь будет, однако ж, на ней ездить сегодня вечером.

- Но она вечером не работает...

- Будет работать, сударыня! Должна работать!..- раздраженно проговорил режиссер.- Вас нет в расписании, это правда,- подхватил он, указывая на писаный лист бумаги, привешенный к стене над доскою, усыпанной мелом и служащей артистам для обтирания подошв перед выходом на арену,- но это все равно; жонглер Линд внезапно захворал, ваша дочь займет его номер.

- Я думала дать ей отдохнуть сегодня вечером,- проговорила фрау Браун, окончательно понижая голос,- теперь масленица: играют по два раза в день; девочка очень устала...

- На это есть первая неделя поста, сударыня; и, наконец, в контракте ясно, кажется, сказано: "артисты обязаны играть ежедневно и заменять друг друга в случае болезни"... Кажется, ясно; и, наконец, фрау Браун: получая за вашу дочь ежемесячно сто двадцать рублей, стыдно, кажется, говорить об этом: именно стыдно!..

Отрезав таким образом, режиссер повернулся к ней спиною. Но прежде чем подойти к Эдвардсу, он снова обвел его испытующим взглядом.

Притупленный вид и вообще вся фигура клоуна, с его бабочками на спине и на груди, не предвещали на опытный глаз ничего хорошего; они ясно указывали режиссеру, что Эдвардс вступил в период тоски, после чего он вдруг начинал пить мертвую; и тогда уже прощай все расчеты на клоуна - расчеты самые основательные, если принять во внимание, что Эдвардс был в труппе первым сюжетом, первым любимцем публики, первым потешником, изобретавшим чуть ли не каждое представление что-нибудь новое, заставлявшее зрителей смеяться до упаду и хлопать до неистовства. Словом, он был душою цирка, главным его украшением, главной приманкой.

Боже мой, что мог бы сказать Эдвардс в ответ товарищам, часто хваставшим перед ним тем, что их знала публика и что они бывали в столицах Европы! Не было цирка в любом большом городе от Парижа до Константинополя, от Копенгагена до Палермо, где бы не хлопали Эдвардсу, где бы не печатали на афишах его изображение в костюме с бабочками! Он один мог заменять целую труппу: был отличным наездником, эквилибристом, гимнастом, жонглером, мастером дрессировать - ученых лошадей, собак, обезьян, голубей - а как клоун, как потешник,- не знал себе соперника. Но припадки тоски в связи с запоем преследовали его повсюду.

Все тогда пропадало. Он всегда предчувствовал приближение болезни; тоска, овладевавшая им, была ничего больше, как внутреннее сознание бесполезности борьбы; он делался угрюмым, несообщительным. Гибкий, как сталь, человек превращался в тряпку,- чему втайне радовались его завистники и что пробуждало сострадание между теми из главных артистов, которые признавали его авторитет и любили его; последних, надо сказать, было немного. Самолюбие большинства было всегда более или менее задето обращением Эдвардса, никогда не соблюдавшего степеней и отличий: первый ли сюжет, являвшийся в труппу с известным именем, простой ли смертный темного происхождения,- для него было безразлично. Он явно даже предпочитал последних.

Когда он был здоров, его постоянно можно было видеть с каким-нибудь ребенком из труппы; за неимением такого, он возился с собакой, обезьяной, птицей и т. д.; привязанность его рождалась всегда как-то вдруг, но чрезвычайно сильно. Он всегда отдавался ей тем упорнее, чем делался молчаливее с товарищами, начинал избегать с ними встреч и становился все более и более сумрачным.

В этот первый период болезни управление цирка могло еще на его рассчитывать. Представления не успевали еще утрачивать над ним своего действия. Выходя из уборной в трико с бабочками, в рыжем парике, набеленный и нарумяненный, С перпендикулярно наведенными бровями, он видимо еще бодрился, присоединяясь к товарищам и приготовляясь к выходу на арену.

Прислушиваясь к первым взрывам аплодисментов, крикам "браво!", звукам оркестра,- он постепенно как бы оживал, воодушевлялся, и стоило режиссеру крикнуть: "Клоуны, вперед!.." - он стремительно вылетал на арену, опережая товарищей; и уже с этой минуты, посреди взрывов хохота и восторженных "браво!" - неумолкаемо раздавались его плаксивые возгласы, и быстро, до ослепления, кувыркалось его тело, сливаясь при свете газа в одно круговое непрерывное сверкание...

Но кончалось представление, тушили газ - и все как рукой сымало! Без костюма, без белил и румян Эдвардс представлялся только скучающим человеком, старательно избегавшим разговоров и столкновений. Так продолжалось несколько дней, после чего наступала самая болезнь: тогда ничего уже не помогало: он все тогда забывал; забывал свои привязанности, забывал самый цирк, который, с его освещенной ареной и хлопающей публикой, заключал в себе все интересы его жизни. Он исчезал даже совсем из цирка; все пропивалось, пропивалось накопленное жалованье, пропивалось не только трико с бабочками, но даже парик и башмаки, шитые блестками.

Понятно теперь, отчего режиссер, следивший еще с начала масленицы за возраставшим унынием клоуна, поглядывал на него с таким беспокойством. Подойдя к нему и бережно взяв его под руку, он отвел его в сторону.

- Эдвардс,- произнес он, понижая голос и совершенно дружественным тоном,- сегодня у нас пятница; остались суббота и воскресенье - всего два дня! Что стоит переждать, а?.. Прошу вас об этом; директор также просит... Подумайте, наконец, о публике! Вы знаете, как она вас любит!!. Два дня всего! - прибавил он, схватывая его руку и принимаясь раскачивать ее из стороны в сторону.- Кстати, вы что-то хотели сказать мне о гуттаперчевом мальчике,- подхватил он, очевидно более с целью развлечь Эдвардса, так как ему было известно, что клоун в последнее время выражал особенную заботливость к мальчику, что служило также знаком приближавшейся болезни,- вы говорили, он стал как будто слабее работать. Мудреного нет: мальчик в руках такого болвана, такого олуха, который может только его испортить! Что же с ним?

Эдвардс, не говоря ни слова, тронул себя ладонью по крестцу, потом похлопал по груди.

- И там и здесь нехорошо у мальчика,- сказал он, отводя глаза в сторону.

- Нам невозможно, однако ж, от него теперь отказаться; он на афишке; некем заменить до воскресенья; два дня пускай еще поработает; там может отдохнуть,- сказал режиссер.

- Может также не выдержать,- глухо возразил клоун.

- Вы бы только выдержали, Эдвардс! Вы бы только нас не оставили! - живо и даже с нежностью в голосе подхватил режиссер, принимаясь снова раскачивать руку Эдвардса.

Но клоун ответил сухим пожатием, отвернулся и медленно пошел раздеваться.

Он остановился, однако ж, проходя мимо уборной гуттаперчевого мальчика, или, вернее, уборной акробата Беккера, так как мальчик был только, его воспитанником. Отворив дверь, Эдвардс вошел к крошечную низкую комнату, расположенную под первой галереей для зрителей; нестерпимо было в ней от духоты и жары; к конюшенному воздуху, разогретому газом, присоединялся запах табачного дыма, помады и пива; с одной стороны красовалось зеркальце в деревянной раме, обсыпанной пудрой; подле, на стене, оклеенной обоями, лопнувшими по всем щелям, висело трико, имевшее вид содранной человеческой кожи; дальше, на деревянном гвозде, торчала остроконечная войлоковая шапка с павлиньим пером на боку; несколько цветных камзолов, шитых блестками, и часть мужской обыденной одежды громоздились в углу на столе. Мебель дополнялась еще столом и двумя деревянными стульями. На одном сидел Беккер - совершенное подобие Голиафа. Физическая сила сказывалась в каждом его мускуле, толстой перевязке костей, коротенькой шее с надутыми венами, маленькой круглой голове, завитой вкрутую и густо напомаженной. Он казался не столько отлитым в форму, сколько вырубленным из грубого материала, и притом грубым инструментом; хотя ему было на вид лет под сорок,- он казался тяжеловесным и неповоротливым - обстоятельство, нисколько не мешавшее ему считать себя первым красавцем в труппе и думать, что при появлении его на арене в трико телесного цвета он приводит в сокрушение женские сердца. Беккер снял уже костюм, он был еще в рубашке и, сидя на стуле, прохлаждал себя кружкою пива.

На другом стуле помещался, тоже завитой, но совершенно голый, белокурый и худощавый мальчик лет восьми. Он не успел еще простыть после представления; на тоненьких его членах и впадине посреди груди местами виднелся еще лоск от испарины; голубая ленточка, перевязывавшая ему лоб и державшая его волосы, была совершенно мокрая; большие влажные пятна пота покрывали трико, лежавшее у него на коленях. Мальчик сидел неподвижно, робко, точно наказанный или ожидающий наказания.

Он поднял глаза тогда только, как Эдвардс вошел в уборную.

- Чего надо? - неприветливо произнес Беккер, поглядывая не то сердито, не то насмешливо на клоуна.

- Полно, Карл,- возразил Эдвардс задобривающим голосом, и видно было, что требовалось на это с его стороны некоторое усилие,- ты лучше вот что: дай-ка мне до семи часов мальчика; я бы погулял с ним до представления... Повел бы его на площадь поглядеть на балаганы...

Лицо мальчика заметно оживилось, но он не смел этого явно выказать.

- Не надо,- сказал Беккер,- не пущу; он сегодня худо работал.

92

В глазах мальчика блеснули слезы, взглянув украдкой на Беккера, он поспешил раскрыть их, употребляя все свои силы, чтобы тот ничего не приметил.

- Он вечером лучше будет работать,- продолжал задобривать Эдвардс.- Послушай-ка, вот что я скажу: пока мальчик будет простывать и одеваться, я велю принести из буфета пива...

- И без того есть! - грубо перебил Беккер.

- Ну, как хочешь; а только мальчику было бы веселее; при нашей работе скучать не годится; сам знаешь: веселость придает силу и бодрость...

- Это уж мое дело! - отрезал Беккер, очевидно бывший не в духе.

Эдвардс больше не возражал. Он взглянул еще раз на мальчика, продолжавшего делать усилия, чтобы не заплакать, покачал головою и вышел из уборной:

Карл Беккер допил остаток пива и приказал мальчику одеваться. Когда оба были готовы, акробат взял со стола хлыст, свистнул им по воздуху, крикнул: "Марш!" и, пропустив вперед воспитанника, зашагал по коридору.

Глядя, как они выходили на улицу, воображению невольно представлялся тщедушный, неоперившийся цыпленок, сопровождаемый огромным откормленным боровом...

Минуту спустя цирк совсем опустел; оставались только конюхи, начинавшие чистить лошадей для вечернего представления.


## II


Воспитанник акробата Беккера назывался "гуттаперчевым мальчиком" только в афишах; настоящее имя его было Петя; всего вернее, впрочем, было бы назвать его несчастным мальчиком.

История его очень коротка; да и где ж ей быть длинной и сложной, когда ему минул всего восьмой год!

Лишившись матери на пятом году возраста, он хорошо, однако ж, ее помнил. Как теперь видел бы перед собою тощую женщину со светлыми, жиденькими и всегда растрепанными волосами, которая то ласкала его, наполняя ему рот всем, что подвертывалось под руку: луком, куском пирога, селедкой, хлебом,- то вдруг, ни с того ни с сего, накидывалась, начинала кричать и в то же время принималась шлепать его чем ни попало и куда ни попали. Петя тем не менее часто вспоминал мать.

Он, конечно, не знал подробностей домашней обстановки. Не знал он, что мама его была ни больше ни меньше, как крайне взбалмошная, хотя и добрая чухонка, переходившая из дома в дом в качестве кухарки и отовсюду гонимая, отчасти за излишнюю слабость сердца и постоянные романтические приключения, отчасти за неряшливое обращение с посудой, бившейся у нее в руках как бы по собственному капризу.

Раз как-то удалось ей попасть на хорошее место: она и тут не выдержала. Не прошло двух недель, она неожиданно объявила, что выходит замуж за временно-отпускного солдата. Никакие увещания не могли поколебать ее решимости. Чухонцы, говорят, вообще упрямы. Но не меньшим упрямством отличался, должно быть, также и жених - даром что был из русских. Побуждения с его стороны были, впрочем, гораздо основательные. Состоя швейцаром при большом доме, он мог уже считать себя некоторым образом человеком оседлым, определенным. Помещение под лестницей не отличалось, правда, большим удобством: потолок срезывался углом, так что под возвышенной его частью с трудом мог выпрямиться человек рослый; но люди живут и не в такой тесноте; наконец, квартира даровая, нельзя быть взыскательным.

Размышляя таким образом, швейцар все еще как бы не решался, пока не удалось ему случайно купить за очень дешевую цену самовара на Апраксином дворе. Колебания его при этом начали устанавливаться на более твердую почву. Возиться с самоваром, действительно, было как-то не мужским делом; машина, очевидно, требовала другого двигателя; хозяйка как бы сама собою напрашивалась.

Анна (так звали кухарку) имела в глазах швейцара то особенное преимущество, что, во-первых, была ему уже несколько знакома; во-вторых, живя по соседству, через дом, она в значительной степени облегчала переговоры и сокращала, следовательно, время, дорогое каждому служащему.

Предложение было сделано, радостно принято, свадьба сыграна, и Анна переселилась к мужу под лестницу.

Первые два месяца жилось припеваючи. Самовар кипел с утра до вечера, и пар, проходя под косяком двери, клубами валил к потолку. Потом стало как-то ни то ни се; наконец дело совсем испортилось, когда наступило время родов и затем - хочешь не хочешь - пришлось справлять крестины. Швейцару как бы в первый раз пришла мысль, что он поторопился несколько, связав себя брачными узами. Быв человеком откровенным, он прямо высказывал свои чувства. Пошли попреки, брань, завязались ссоры. Кончилось тем, что швейцару отказали от места, ссылаясь на постоянный шум под лестницей и крики новорожденного, беспокоившие жильцов.

Последнее, без сомнения, было несправедливо. Новорожденный явился на свет таким тщедушным, таким изнуренным, что мало даже подавал надежд прожить до следующего дня: если б не соотечественница Анны, прачка Варвара, которая, как только родился ребенок, поспешила поднять его на руки и трясла его до тех пор, пока он не крикнул и не заплакал,- новорожденный действительно мог бы оправдать предсказанье. К этому надо прибавить, что воздух под лестницей не имел в самом деле настолько целебных свойств, чтобы в один день восстановить силы ребенка и развить его легкие до такой уже степени, что крик его мог кого-нибудь обеспокоить. Вернее всего дело заключалось в желании удалить беспокойных родителей.

Месяц спустя швейцара потребовали в казармы; в тот же вечер всем стало известно, что его вместе с полком отправляют в поход.

Перед разлукой супруги снова сблизились; на проводах много было пролито слез и еще больше пива.

Но ушел муж - и снова начались мытарства по отысканию места. Теперь только труднее было; с ребенком Анну никто почти не хотел брать. Так с горем пополам протянулся год.

Анну вызвали однажды в казармы, объявили, что муж убит, и выдали ей вдовий паспорт.

Обстоятельства ее, как каждый легко себе представит, нисколько от этого не улучшились. Выпадали дни, когда не на что было купить селедки и куска хлеба для себя и для мальчика; если б не добрые люди, совавшие иногда ломоть или картошку, мальчик наверное бы зачах и преждевременно умер от истощения. Судьба наконец сжалилась над Анной. Благодаря участию соотечественницы Варвары она поступила прачкой к хозяевам пробочной фабрики, помещавшейся на Черной речке.

Здесь действительно можно было вздохнуть свободнее. Здесь мальчик никому не мешал; он мог всюду следовать за матерью и цепляться за ее подол, сколько было душе угодно.

Особенно хорошо было летом, когда под вечер деятельность фабрики останавливалась, шум умолкал, рабочий люд расходился, оставались только женщины, служившие у хозяев. Утомленные работой и дневным жаром, женщины спускались на плот, усаживались по скамейкам, и начиналась на досуге нескончаемая болтовня, приправляемая прибаутками и смехом.

В увлечении беседы редкая из присутствующих замечала, как прибрежные ветлы постепенно окутывались тенью и в то же время все ярче и ярче разгорался закат; как нежданно вырывался из-за угла соседней дачи косой луч солнца; как внезапно охваченные им макушки ветел и края заборов отражались вместе с облаком в уснувшей воде и как,

95

одновременно с этим, над водою и в теплом воздухе появлялись беспокойно движущиеся сверху вниз полчища комаров, обещавшие такую же хорошую погоду и на завтрашний день.

Время это было бесспорно лучшим в жизни мальчика - тогда еще не гуттаперчевого, но обыкновенного, какими бывают все мальчики. Сколько раз потом рассказывал он о Черной речке клоуну Эдвардсу. Но Петя говорил скоро и с увлеченьем; Эдвардс едва понимал по-русски; отсюда выходил всегда целый ряд недоразумений. Думая, что мальчик рассказывает ему о каком-то волшебном сне, и не зная, что отвечать ему, Эдвардс ограничивался тем обыкновенно, что ласково проводил ему ладонью по волосам снизу вверх и добродушно посмеивался.

И так Анне жилось изрядно; но прошел год, другой, и вдруг, совершенно опять неожиданно, объявила она, что выходит замуж. "Как? Что? За кого? - послышалось с разных сторон. На этот раз жених оказался подмастерьем из портных. Каким образом, где сделано было знакомство,- никто не знал. Все окончательно только ахнули, увидев жениха - человека ростом с наперсток, съеженного, с лицом желтым, как испеченная луковица, притом еще прихрамывающего на левую ногу,- ну, словом, как говорится, совершенного михрютку.

Никто решительно ничего не понимал. Всех меньше, конечно, мог понять Петя. Он горько плакал, когда его уводили с Черной речки, и еще громче зарыдал на свадьбе матери, когда в конце пирушки один из гостей ухватил вотчима за галстук и начал душить его, между тем как мать с криком бросилась разнимать их.

Не прошло нескольких дней, и наступила уже очередь Анны пожалеть о торопливости связать себя брачными узами. Но дело было сделано; каяться было поздно. Портной проводил день в .мастерской; к вечеру только возвращался он в свою каморку, сопровождаемый всегда приятелями, в числе которых лучшим другом был тот, который собирался задушить его на свадьбе. Каждый приносил поочередно водки, и начиналась попойка, оканчивавшаяся обыкновенно свалкой. Тут доставалось всегда Анне, попадало также мимоходом на долю мальчика. Сущая была каторга! Худшим для Анны было то, что муж почему-то невзлюбил Петю; он косил на него с первого дня; при каждом случае он изловчался зацепить его и, как только напивался, грозил утопить его в проруби.

Так как портной пропадал по нескольку дней сряду, деньги все пропивались и не на что было купить хлеба, Анна, для прокормления себя и ребенка, ходила на поденную работу. На это время поручала она мальчика старушке, жившей в одном с нею доме; летом старуха продавала яблоки, зимою торговала на Сенной вареным картофелем, тщательно прикрывая чугунный горшок тряпкой и усаживаясь на нем с большим удобством, когда на дворе было слишком холодно. Она всюду таскала Петю, который полюбил ее и называл бабушкой.

По прошествии нескольких месяцев муж Анны совсем пропал; одни говорили - видели его в Кронштадте; другие уверяли, что он тайно обменял паспорт и переселился на жительство в Шлиссельбург, или "Шлюшино", как чаще выражались.

Вместо того чтобы свободнее вздохнуть, Анна окончательно тогда замоталась. Она сделалась какою-то шальною, лицо ее осунулось, в глазах явилось беспокойство, грудь впала, сама она страшно исхудала; к жалкому ее виду надо еще то прибавить, что вся она обносилась; нечего было ни надевать, ни закладывать; ее покрывали одни лохмотья. Наконец, однажды и она вдруг исчезла. Случайно дознались, что полиция подняла ее на улице в обессиленном от голода состоянии. Ее свезли в больницу. Соотечественница ее, прачка Варвара, навестив ее раз, сообщила знакомым, что Анна перестала узнавать знакомых и не сегодня-завтра отдаст богу душу.

Так и случилось.

В числе воспоминаний Пети остался также день похорон матери. В последнее время он мало с ней виделся и потому отвык несколько: он жалел ее, однако ж, и плакал,- хотя, надо сказать, больше плакал от холода. Было суровое январское утро; с низменного пасмурного неба сыпался мелкий сухой снег; подгоняемый порывами ветра, он колол лицо, как иголками, и волнами убегал по мерзлой дороге.

Петя, следуя за гробом между бабушкой и прачкой Варварой, чувствовал, как нестерпимо щемят пальцы на руках и на ногах; ему, между прочим, и без того было трудно поспевать за спутницами; одежда на нем случайно была подобрана: случайны были сапоги, в которых ноги его болтались свободно, как в лодках; случайным был кафтанишко, которого нельзя было бы надеть - если б не подняли ему фалды и не приткнули их за пояс, случайной была шапка, выпрошенная у дворника; она поминутно сползала на глаза и мешала Пете видеть дорогу. Ознакомясь потом близко с усталостью ног и спины, он все-таки помнил, как уходился тогда, провожая покойницу.

На обратном пути с кладбища бабушка и Варвара долго толковали о том, куда теперь деть мальчика. Он, конечно, солдатский сын, и надо сделать ему определенье по закону, куда следует; но как это сделать? К кому надо обратиться? Кто, наконец, станет бегать и хлопотать? На это могли утвердительно ответить только досужие и притом практические люди. Мальчик продолжал жить, треплясь по разным углам и старухам. И неизвестно, чем бы разрешилась судьба мальчика, если б снова не вступилась прачка Варвара.

# III

Заглядывая к "бабушке" и встречая у нее мальчика, Варвара брала его иногда на несколько дней к себе.

Жила она на Моховой улице в подвальном этаже, на втором дворе большого дома. На том же дворе, только выше, помещалось несколько человек из труппы соседнего цирка; они занимали ряд комнат, соединявшихся темным боковым коридором. Варвара знала всех очень хорошо, так как постоянно стирала у них белье. Подымаясь к ним, она часто таскала с собою Петю. Всем была известна его история: все знали, что он круглый сирота, без роду и племени. В разговорах Варвара не раз выражала мысль, что вот бы хорошо было, кабы кто-нибудь из господ сжалился и взял сироту в обученье. Никто, однако, не решался; всем, по-видимому, довольно было своих забот. Одно только лицо не говорило ни да ни нет. По временам лицо это пристально даже посматривало на мальчика. Это был акробат Беккер.

Надо полагать, между ним и Варварой велись одновременно какие-нибудь тайные и более ясные переговоры по этому предмету, потому что однажды, подкараулив, когда все господа ушли на репетицию и в квартире оставался только Беккер, Варвара спешно повела Петю наверх и прямо вошла с ним в комнату акробата.

Беккер точно поджидал кого-то. Он сидел на стуле, покуривая из фарфоровой трубки с выгнутым чубуком, увешанным кисточками; на голове его красовалась плоская, шитая бисером шапочка, сдвинутая набок; на столе перед ним стояли три бутылки пива - две пустые, одна только что начатая.

Раздутое лицо акробата и его шея, толстая как у быка, были красны; самоуверенный вид и осанка не оставляли сомнения, что Беккер даже здесь, у себя дома, был весь исполнен сознанием своей красоты. Товарищи, очевидно, трунили над ним только из зависти!

По привычке охорашиваться перед публикой, он принял позу даже при виде прачки.

- Ну вот, Карл Богданович... вот мальчик!..- проговорила Варвара, выдвигая вперед Петю.

Надо заметить, весь разговор происходил на странном каком-то языке. Варвара коверкала слова, произнося их на чухонский лад; Беккер скорее мычал, чем говорил, отыскивая русские слова, выходившие у него не то немецкими, не то совершенно неизвестного происхождения.

Тем не менее они понимали друг друга.

- Хорошо,- произнес акробат,- но я так не можно; надо раздевать малшик...

Петя до сих пор стоял неподвижно, робко поглядывая на Беккера; с последним словом он откинулся назад и крепко ухватился за юбку прачки. Но когда Беккер повторил свое требование и Варвара, повернув мальчика к себе лицом, принялась раздевать его, Петя судорожно ухватился за нее руками, начал кричать и биться, как цыпленок под ножом повара.

- Чего ты? Экой, право, глупенький! Чего испугался? Разденься, батюшка, разденься... ничего... смотри ты, глупый какой! - повторяла прачка, стараясь раскрыть пальцы мальчика и в то же время спешно расстегивая пуговицы на его панталонах.

Но мальчик решительно не давался: объятый почему-то страхом, он вертелся, как вьюн, корчился, тянулся к полу, наполняя всю квартиру криками.

Карл Богданович потерял терпенье. Положив на стол трубку, он подошел к мальчику и, не обращая внимания на то, что тот стал еще сильнее барахтаться, быстро обхватил его руками. Петя не успел очнуться, как уже почувствовал себя крепко сжатым между толстыми коленами акробата. Последний в один миг снял с него рубашку и панталоны; после, этого он поднял его, как соломинку, и, уложив голого поперек колен, принялся ощупывать ему грудь и бока, нажимая большим пальцем на те места, которые казались ему не сразу удовлетворительными, и посылая шлепок всякий раз, как мальчик корчился, мешая ему продолжать операцию.

Прачке было жаль Петю: Карл Богданович очень уж что-то сильно нажимал и тискал; но, с другой стороны, она боялась вступиться, так как сама привела мальчика и акробат обещал взять его на воспитанье в случае, когда он окажется пригодным. Стоя перед мальчиком, она торопливо утирала ему слезы, уговаривая не бояться, убеждая, что Карл Богданович ничего худого не сделает,- только посмотрит!..

Но когда акробат неожиданно поставил мальчика на колена, повернул его к себе спиною и начал выгибать ему назад плечи, снова надавливая пальцами между лопатками, когда голая худенькая грудь ребенка вдруг выпучилась ребром вперед, голова его опрокинулась назад и весь он как бы замер от боли и ужаса,- Варвара не могла уже выдержать; она бросилась отнимать его. Прежде, однако ж, чем успела она это сделать, Беккер передал ей Петю, который тотчас же очнулся и только продолжал дрожать, захлебываясь от слез.

- Полно, батюшка, полно! Видишь, ничего с тобою не сделали!.. Карл

Богданович хотел только поглядеть тебя...- повторяла прачка, стараясь всячески обласкать ребенка.

Она взглянула украдкой на Беккера; тот кивнул головою и налил новый стакан пива.

Два дня спустя прачке надо уже было пустить в дело хитрость, когда пришлось окончательно передавать мальчика Беккеру. Тут не подействовали ни новые ситцевые рубашки, купленные Варварой на собственные деньги, ни мятные пряники, не убеждения, ни ласки. Петя боялся кричать, так как передача происходила в знакомой нам комнате: он крепко припадал заплаканным лицом к подолу прачки и отчаянно, как потерянный, цеплялся за ее руки каждый раз, когда она делала шаг к дверям с тем, чтобы оставить его одного с Карлом Богдановичем.

Наконец все это надоело акробату. Он ухватил мальчика за ворот, оторвал его от юбки Варвары и, как только дверь за нею захлопнулась, поставил его перед собою и велел ему смотреть себе прямо в глаза.

Петя продолжал трястись, как в лихорадке; черты его худенького, болезненного лица как-то съеживались; в них проступало что-то жалобное, хилое, как у старичка.

Беккер взял его за подбородок, повернул к себе лицом и повторил приказание.

- Ну, малшик, слуш,- сказал он, грозя указательным пальцем перед носом Пети,- когда ты хочу там... (он указал на дверь),- то будет тут!! (он указал несколько ниже спины),- und fest! und fest! - добавил он, выпуская его из рук и допивая оставшееся пиво.

В то же утро он повел его в цирк. Там все суетилось и торопливо укладывалось.

На другой день труппа со всем своим багажом, людьми и лошадьми перекочевывала на летний сезон в Ригу.

В первую минуту новость и разнообразие впечатлений скорее пугали Петю, чем пробуждали в нем любопытство. Он забился в угол и, как дикий зверек, глядел оттуда, как мимо него бегали, перетаскивая неведомые ему предметы. Кое-кому бросилась в глаза белокурая головка незнакомого мальчика; но до того ли было! И все проходили мимо.

Последнее это обстоятельство несколько ободрило Петю; наметив глазами тот или другой угол, он уловлял минуту, когда подле никого не было, и скоро-скоро перебегал к намеченному месту.

Так постепенно достиг он конюшен. Батюшки, сколько было там лошадей. Спины их, лоснясь при свете газа, вытягивались рядами, терявшимися в сгущенной мгле, наполнявшей глубину конюшенных сводов; Петю особенно поразил вид нескольких лошадок, таких же почти маленьких, как он сам.

Все эти впечатления были так сильны, что ночью он несколько раз вскрикивал и просыпался: но, не слыша подле себя ничего, кроме густого храпенья своего хозяина, он снова засыпал.

В течение десяти дней, как труппа переезжала в Ригу, Петя был предоставлен самому себе. В вагоне его окружали теперь не совсем уже чужие люди; ко многим из них он успел присмотреться; многие были веселы, шутили, пели песни и не внушали ему страха. Нашлись даже такие, как клоун Эдвардс, который мимоходом всегда трепал его по щеке; раз даже одна из женщин дала ему ломтик апельсина. Словом, он начал понемногу привыкать, и было бы ему даже хорошо, если б взял его к себе кто-нибудь другой, только не Карл Богданович. К нему никак он не мог привыкнуть; при нем Петя мгновенно умолкал, весь как-то съеживался и думал о том только, как бы не заплакать.

Особенно тяжело стало ему, когда началось ученье. После первых опытов Беккер убедился, что не ошибся в мальчике; Петя был легок, как пух, и гибок в суставах; недоставало, конечно, силы в мускулах, чтобы управлять этими природными качествами; но беды в этом еще не было. Беккер не сомневался, что сила приобретется от упражнений. Он мог отчасти даже теперь убедиться в этом на питомце. Месяц спустя после того, как он каждое утро и вечер, посадив мальчика на пол, заставлял его пригибаться головою к ногам, Петя мог исполнять такой маневр уже сам по себе, без помощи наставника. Несравненно труднее было ему перегибаться назад и касаться пятками затылка: мало-помалу он, однако ж, и к этому стал привыкать. Он ловко также начинал прыгать с разбегу через стул; но только, когда после прыжка Беккер требовал, чтобы воспитанник, перескочив на другую сторону стула, падал не на ноги, а на руки, оставляя ноги в воздухе,- последнее редко удавалось; Петя летел кувырком, падал на лицо или на голову, рискуя свихнуть себе шею.

Неудача или ушиб составляли, впрочем, половину горя; другая половина, более веская, заключалась в тузах, которыми всякий раз наделял его Беккер, забывавший, что упражнениями такого рода он скорее мог содействовать к развитию собственных мускулов, которые и без того были у него в надежном порядке.

Мускулы мальчика оставались по-прежнему тощими. Они, очевидно, требовали усиленного подкрепления.

В комнату, занимаемую Беккером, принесена была двойная раздвижная лестница; поперек ее перекладин, на некоторой высоте от пола, укладывалась горизонтально палка. По команде Беккера Петя должен был с разбегу ухватиться руками за палку и затем оставаться таким образом на весу, сначала пять минут, потом десять,- и так каждый день по нескольку приемов. Разнообразие состояло в том, что иногда приходилось просто держать себя на весу, а иногда, придерживаясь руками к палке, следовало опрокидываться назад всем туловищем и пропускать ноги между палкой и головою. Цель упражнения состояла в том, чтобы прицепиться концами носков к палке, неожиданно выпустить руки и оставаться висящим на одних носках. Трудность главным образом заключалась в том, чтобы в то время, как ноги были наверху, а голова внизу,- лицо должно было сохранять самое приятное, смеющееся выражение; последнее делалось в видах хорошего впечатления на публику, которая ни под каким видом не должна была подозревать трудности при напряжении мускулов, боли в суставах плеч и судорожного сжимания в груди.

Достижение таких результатов сопровождалось часто таким раздирающим детским визгом, такими криками, что товарищи Беккера врывались в его комнату и отнимали из рук его мальчика.

Начиналась брань и ссора,- после чего Пете приходилось иногда еще хуже. Иногда, впрочем, такое постороннее вмешательство оканчивалось более миролюбивым образом.

Так было, когда приходил клоун Эдвардс. Он обыкновенно улаживал дело закуской и пивом. В следовавшей затем товарищеской беседе Эдвардс старался всякий раз доказать, что метод обучения Беккера никуда не годится, что страхом и побоями ничего не возьмешь не только с детьми, но даже при обучении собак и обезьян; что страх внушает несомненно робость, а робость - первый враг гимнаста, потому что отымает у него уверенность и удаль; без них можно только вытянуть себе сухие жилы, сломать шею или перебить позвонки на спине.

В пример приводился часто акробат Ризлей, который так напугал собственных детей перед представленьем, что, когда пришлось подбросить их ногами на воздух,- дети раза два перекувырнулись в пространстве, да тут же прямехонько и шлепнулись на пол.

- Бросились подымать,- подхватывал Эдвардс, делая выразительные жесты,- подняли, глядь, оба fertig! готовы! У обоих дух вон! Дурак Ризлей потом застрелился с горя,- да что ж из этого? Детей своих все-таки не воскресил: fertig! fertig!..

И странное дело: каждый раз как Эдвардс, разгоряченный беседой и пивом, принимался тут же показывать, как надо делать ту или другую штуку, Петя исполнял упражнение с большей ловкостью и охотой.

В труппе все уже знали воспитанника Беккера. В последнее время он добыл ему из гардероба костюм клоуна и, набеливая ему лицо, нашлепывая румянами два клякса на щеках, выводил его во время представленья на арену; иногда, для пробы, Беккер неожиданно подымал ему ноги, заставляя его пробежать на руках по песку. Петя напрягал тогда все свои силы; но часто они изменяли ему; пробежав на руках некоторое пространство, он вдруг ослабевал в плечах и тыкался головою в песок, - чем пробуждал всегда веселый смех в зрителях.

Под руководством Эдвардса он сделал бы, без сомнения, больше успехов; в руках Беккера дальнейшее развитие очевидно замедлялось. Петя продолжал бояться своего наставника, как в первый день. К этому начинало примешиваться другое чувство, которого не мог он истолковать, но которое постепенно росло в нем, стесняло ему мысли и чувства, заставляя горько плакать по ночам, когда, лежа на тюфячке, прислушивался он к храпенью акробата.

И ничего, ничего Беккер не делал, чтобы сколько-нибудь привязать к себе мальчика. Даже в тех случаях, когда мальчику удавалась какая-нибудь штука, Беккер никогда не обращался к нему с ласковым словом; он ограничивался тем, что снисходительно поглядывал на него с высоты своего громадного туловища.

Прожив с Петей несколько месяцев, он точно взял его накануне. Завиваясь тщательно каждый день у парикмахера цирка, Беккеру, по-видимому, все равно было, что из двух рубашек, подаренных мальчику прачкой Варварой, - оставались лохмотья, что белье на теле мальчика носилось иногда без перемены по две недели, что шея его и уши были не вымыты, а сапожишки просили каши и черпали уличную грязь и воду. Товарищи акробата, и более других Эдуардс, часто укоряли его в том; в ответ Беккер нетерпеливо посвистывал и щелкал хлыстиком по панталонам.

Он не переставал учить Петю, продолжая наказывать каждый раз, как выходило что-нибудь неладно. Он хуже этого делал.

Раз, по возвращении труппы уже в Петербург, Эдвардс подарил Пете щенка. Мальчик был в восторге; он носился с подарком по конюшне и коридорам, всем его показывал и то и дело учащенно целовал его в мокрую розовую мордочку.

Беккер, раздосадованный во время представленья тем, что его публика не вызвала, возвращался во внутренний коридор; увидев щенка в руках Пети, он вырвал его и носком башмака бросил в сторону; щенок ударился головкой в соседнюю стену и тут же упал, вытянув лапки.

Петя зарыдал и бросился к Эдвардсу, выходившему в эту минуту из уборной.

Беккер, раздраженный окончательно тем, что вокруг послышалась брань, одним движеньем оттолкнул Петю от Эдвардса и дал ему с размаху пощечину.

- Schwein! Швынья!.. тьфу!..- сказал Эдвардс, отплевываясь с негодованием.

103

Но что уж дальше рассказывать!

Несмотря на легкость и гибкость, Петя был, как мы сказали выше, не столько гуттаперчевым, сколько несчастным мальчиком.

## IV

Детские комнаты в доме графа Листомирова располагались на южную сторону и выходили в сад. Чудное было помещение! Каждый раз, как солнце было на небе, лучи его с утра до заката проходили в окна; в нижней только части окна завешивались голубыми тафтяными занавесками для предохранения детского зрения от излишнего света. С тою же целью по всем комнатам разостлан был ковер также голубого цвета и стены оклеены были не слишком светлыми обоями.

В одной из комнат вся нижняя часть стен была буквально заставлена игрушками; они группировались тем разнообразнее и живописнее, что у каждого из детей было свое особое отделение.

Пестрые английские раскрашенные тетрадки и книжки, кроватки с куклами, картинки, комоды, маленькие кухни, фарфоровые сервизы, овечки и собачки на катушках - обозначали владения девочек; столы с оловянными солдатами, картонная тройка серых коней, с глазами страшно выпученными, увешанная бубенчиками и запряженная в коляску, большой белый козел, казак верхом, барабан и медная труба, звуки которой приводили всегда в отчаяние англичанку мисс Блике,- обозначали владения "мужского пола. Комната эта так и называлась "игральной".

Рядом была учебная; дальше спальная, окна которой всегда были закрыты занавесами, приподнимавшимися там только, где вертелась вентиляционная звезда, очищавшая воздух. Из нее, не подвергая себя резкой перемене воздуха, можно было прямо пройти в уборную, выстланную также ковром, но обшитую в нижней ее части клеенкой: с одной стороны находился большой умывальный мраморный стол, уставленный крупным английским фаянсом; дальше блистали белизною две ванны с медными кранами, изображавшими лебединые головки; подле возвышалась голландская печь с изразцовым шкапом, постоянно наполненным согревающимися полотенцами. Ближе, по клеенчатой стене, висел на тесемках целый ряд маленьких и крупных губок, которыми мисс Блике каждое утро и вечер обмывала с головы до ног детей, наводя красноту на их нежное тело.

В среду, на масленице, в игральной комнате было особенно весело. Ее наполняли восторженные детские крики. Мудреного нет; вот что было здесь между прочим сказано: "Деточки, вы с самого начала масленицы были послушны и милы; сегодня у нас среда, если вы будете так продолжать,- вас в пятницу вечером возьмут в цирк!"

Слова эти были произнесены тетей Соней,- сестрой графини Листомировой - девушкой лет тридцати пяти, сильной брюнеткой, с пробивающимися усиками, но прекрасными восточными глазами, необыкновенной доброты и мягкости; она постоянно носила черное платье, думая этим хоть сколько-нибудь скрыть полноту, начинавшую ей надоедать. Тетя Соня жила у сестры и посвятила жизнь ее детям, которых любила всем запасом чувств, не имевших случая израсходоваться и накопившихся с избытком в ее сердце.

Не успела она проговорить свое обещанье, как дети, слушавшие сначала очень внимательно, бросились со всех ног осаждать ее; кто цеплялся за ее платье, кто усиливался влезть на ее колена, кто успел обхватить ее шею и осыпал лицо поцелуями; осада сопровождалась такими шумными овациями, такими криками радости, что мисс Блике вошла в одну дверь, в другую вбежала молодая швейцарка, приглашенная в дом как учительница музыки для старшей дочери; за ними показалась кормилица, державшая новорожденного, укутанного в одеяло с ниспадавшими до полу кружевными обшивками.

- What is going on here?..-удивленно осведомилась мисс Блике.

Она представляла из себя чопорную высокую даму с непомерно выдающеюся грудью, красными щеками, как бы закапанными сургучом, и красною шеей свекловичного оттенка.

Тетя Соня объяснила вошедшим причину радости.

Раздались опять возгласы, опять крики, сопровождаемые прыжками, пируэтами и другими более или менее выразительными изъявлениями радости. В этом порыве детской веселости всех больше удивил Паф - пятилетний мальчик, единственная мужская отрасль фамилии Листомировых; мальчик был всегда таким тяжелым и апатическим, но тут, под впечатлением рассказов и того, что его ожидало в цирке,- он вдруг бросился на четвереньки, поднял левую ногу и, страшно закручивая язык на щеку, поглядывая на присутствующих своими киргизскими глазками,- принялся изображать клоуна.

- Мисс Блике! - подымите его, подымите скорее,- ему кровь бросится в голову! - проговорила тетя Соня.

Новые крики, новое сканье вокруг Пафа, который ни за что не хотел вставать и упорно подымал то одну ногу, то другую.

- Дети, дети... довольно! Вы, кажется, не хотите больше быть умными... Не хотите слушать,- говорила тетя Соня, досадовавшая главным образом за то, что не умела сердиться. Ну, не могла она этого сделать - не могла решительно!

Она обожала "своих детей", как сама выражалась. Действительно, надо сказать, дети были очень милы.

Старшей девочке, Верочке, было уже восемь лет; за нею шла шестилетняя Зина, мальчику было, как сказано,- пять. Его окрестили Павлом; но мальчик получал одно за другим различные прозвища: Бёби, Пузырь, Бутуз, Булка и, наконец, Паф - имя, которое так и осталось. Мальчик был пухлый, коротенький, с рыхлым белым телом, как сметана, крайне флегматического, невозмутимого нрава, с шарообразною головою и круглым лицом, на котором единственною заметною чертою были маленькие киргизские глазки, раскрывавшиеся вполне, когда подавалось кушанье или говорилось о еде. Глазки, смотревшие вообще сонливо, проявляли также оживленье и беспокойство по утрам и вечером, когда мисс Блике брала Пафа за руку, уводила его в уборную, раздевала его донага и, поставив на клеенку, принималась энергически его мыть огромной губкой, обильно напитанной водою; когда мисс Блике при окончании такой операции возлагала губку на голову мальчика и, крепко нажав губку, пускала струи воды по телу, превращавшемуся тотчас же из белого в розовое,- глазки Пафа не только суживались, но пропускали потоки слез, и вместе с тем раздавался из груди его тоненький-тоненький писк, не имевший ничего раздраженного, но походивший скорее на писк кукол, которых заставляют кричать, нажимая им живот. Этим невинным писком, впрочем, все и оканчивалось. С исчезновением губки Паф умолкал мгновенно, и уже потом мисс Блике могла обтирать его сколько угодно согретым шершавым полотенцем, могла завертывать ему голову, могла мять и теребить его,- Паф выказывал так же мало сопротивления, как кусок сдобного теста в руках пекаря. Он часто даже засыпал между теплыми шершавыми полотенцами, прежде чем мисс Блике успевала уложить его в постель, обтянутую вокруг сеткой и завешенную кисейным пологом с голубым бантом на маковке.

Нельзя сказать, чтобы мальчик этот был. особенно интересен; но нельзя было не остановиться на нем, так как он представлял теперь единственную мужскую отрасль фамилии графов Листомировых и, как справедливо иногда замечал его отец, задумчиво глядя вдаль и меланхолически свешивая голову набок: "Мог - кто знает? - мог играть в будущем видную роль в отечестве?!"

Предрешать будущее вообще трудно, но, как бы там ни было, с той минуты, как обещано было представленье в цирке, старшая дочь, Верочка, вся превратилась во внимание и зорко следила за поведением сестры и брата.

Едва-едва начинался между ними признак разлада,- она быстро к ним подбегала, оглядываясь в то же время на величавую мисс Блике, принималась скоро-скоро шептать что-то Зизи и Пафу, и, поочередно целуя то того, то другую, успевала всегда водворить между ними мир и согласие.

Эта Верочка была во всех отношениях прелестная девочка; тоненькая, нежная и вместе с тем свежая, как только что снесенное яичко, с голубыми жилками на висках и шее, с легким румянцем на щеках и большими серо-голубыми глазами, смотревшими из-под длинных ресниц как-то всегда прямо, не по летам внимательно; но лучшим украшением Верочки были ее волосы пепельного цвета, мягкие, как тончайший шелк, и такие густые, что мисс Блике долго билась по утрам, прежде чем могла привести их в должный порядок. Паф мог, конечно, быть любимцем отца и матери, как будущий единственный представитель именитого рода,- но Верочка, можно сказать, была любимицей всех родных, знакомых и даже прислуги; помимо ее миловидности, ее любили за необыкновенную кротость нрава, редкое отсутствие капризов, приветливость, доброту и какую-то особенную чуткость и понятливость. Еще четырех лет она с самым серьезным видом входила в гостиную и, сколько бы ни было посторонних лиц, прямо и весело шла к каждому, давала руку и подставляла щеку. К ней даже особенно как-то относились, чем к другим детям. Вопреки давно принятому обычаю в семье графов Листомировых давать различные сокращенные и более или менее фантастические прозвища детям, Верочку иначе не называли, как ее настоящим именем. Верочка была - Верочкой и осталась.

Что говорить, у нее, как у всякого смертного, были свои слабости, вернее, была одна слабость; но и она как бы скорее служила гармоническим дополнением ее характеру и наружности. Слабость Верочки, заключавшаяся в сочинении басен и сказок, проявилась первый раз, как ей минул шестой год. Войдя однажды в гостиную, она при всех неожиданно объявила, что сочинила маленькую басню и тут же, нимало не смущаясь, с самым убежденным видом принялась рассказывать историю про волка и мальчика, делая очевидные усилия, чтобы некоторые слова выходили в рифму. С тех Пор одна басня сменяла другую и, несмотря на запрещение графа и графини возбуждать рассказами сказок воображение и без того уже впечатлительной и нервной девочки, Верочка продолжала делать свои импровизации. Мисс Блике не раз должна была ночью приподыматься с постели, заслышав какой-то странный шепот, исходивший из-под кисейного полога над постелью Верочки.

Убедившись, что девочка, вместо того чтоб спать, произносит какие-то непонятные слова, англичанка делала ей строгий выговор, приказывая заснуть немедленно,- приказание, которое Верочка тотчас же исполняла со свойственной ей кротостью.

Словом, это была та самая Верочка, которая, вбежав как-то в гостиную и застав там сидевшего с матерью известного нашего поэта Тютчева, ни за что не хотела согласиться, что седой этот старичок мог сочинять стихи; напрасно уверяли мать и сам Тютчев,- Верочка стояла на своем; поглядывая недоверчиво на старика своими большими голубыми глазами, она повторяла:

- Нет, мама, это не может быть!.. Заметив наконец, что мать начинает сердиться, Верочка взглянула ей робко в лицо и проговорила сквозь слезы:

- Я думала, мама, что стихи сочиняют только ангелы...

С самой среды, когда обещано было представленье в цирке, до четверга благодаря нежной заботливости Верочки, ее уменью развлекать сестру и брата оба вели себя самым примерным образом. Особенно трудно было справиться с Зизи - девочкой болезненной, заморенной лекарствами, в числе которых тресковый жир играл видную роль и служил всегда поводом к истерическим рыданьям и капризам.

В четверг на масленице тетя Соня вошла в игральную комнату. Она объявила, что, так как дети были умны, она проездом в город желает купить им игрушек.

Радостные восклицания и звонкие поцелуи опять наполнили комнату. Паф также оживился и заморгал своими киргизскими глазками.

- Ну, хорошо, хорошо,- сказала тетя Соня,- все будет по-вашему, тебе, Верочка, рабочий ящик,- ты знаешь, папа и мама не позволяют тебе читать книг; тебе, Зизи, куклу...

- Которая бы кричала! - воскликнула Зизи.

- Которая бы кричала! - повторила тетя Соня,- ну, а тебе, Паф, тебе что? Что ты хочешь?.. Паф задумался.

- Ну, говори же, что тебе купить?..

- Купи... купи собачку - только без блох!..- добавил неожиданно Паф.

Единодушный хохот был ответом на такое желание. Смеялась тетя Соня, ((смеялась кормилица, смеялась даже чопорная мисс Блике, обратившаяся, впрочем, тотчас же к Зизи и Верочке, которые начали прыгать вокруг брата и, заливаясь смехом, принялись тормошить будущего представителя фамилии.

После этого все снова повисли на шее доброй тети и докрасна зацеловали ее шею и щеки.

- Ну, довольно, довольно,- с ласковой улыбкой произнесла тетя,- хорошо; я знаю, что вы меня любите; и я люблю вас очень... очень...

очень!.. Итак, Паф, я куплю тебе собачку: будь только умен и послушен; она будет без блох!..

# V

Наступила, наконец, так нетерпеливо ожидаемая пятница.

За четверть часа до завтрака тетя Соня вошла в "маленькую" столовую, так называемую для отличия ее от большой, где давались иногда званые обеды. Ей сказали, что граф и графиня уже прошли туда из своих уборных.

Графиня сидела в больших креслах, придвинутых к столу, заставленному на одном конце серебряным чайным сервизом с шипевшим самоваром. Старый буфетчик, важный, как разжиревший банкир, но с кошачьими приемами утонченного дипломата, тихо похаживал вокруг стола, поглядывая, все ли на нем в порядке. Два другие лакея, похожие на членов английского парламента, вносили блюда, прикрытые серебряными крышками.

Граф задумчиво прогуливался в отдалении подле окон.

- Хорошо ли мы, однако, делаем, что посылаем детей в цирк? - произнесла графиня, обращаясь после первых приветствий к тете Соне и в то же время украдкою поглядывая на мужа.

- Отчего же? - весело возразила тетя, усаживаясь подле самовара,- я смотрела афишку: сегодня не будет выстрелов, ничего такого, что бы могло испугать детей,- наши детки были, право, так милы... Нельзя же их не побаловать! К тому же удовольствие это было им обещано.

- Все это так,- заметила графиня, снова поглядывая на мужа, который подошел в эту минуту к столу и занял обычное свое место,- но я всегда боюсь этих зрелищ... Наши дети особенно так нервны, так впечатлительны...

Последнее замечание сопровождалось новым взглядом, направленным на графа. Графине, очевидно, хотелось знать мнение мужа, чтобы потом не вышло привычного заключения, что все в доме творится без его совета и ведома.

Но граф и тут ничего не сказал.

Он вообще не любил терять праздных слов. Он принадлежал скорее к числу лиц думающих, мыслящих,- хотя, надо сказать, трудно было сделать заключение о точном характере его мыслей, так как он больше ограничивался намеками на различные идеи, чем на их развитие. При малейшем противоречии граф чаще всего останавливался даже на полумысли и как бы говорил самому себе: "Не стоит!" Он обыкновенно отходил в сторону, нервно пощипывая жиденькие усы и погружаясь в грустную задумчивость.

Задумчивое настроение графа согласовалось, впрочем, как нельзя больше с его внешним видом, замечательно длинным-длинным, как бы всегда расслабленным и чем-то недовольным. Он нарочно носил всегда панталоны из самого толстого трико, чтобы хоть сколько-нибудь скрыть худобу ног,- и напрасно это делал; по справедливости ему следовало бы даже гордиться худобою ног, так как она составляла одно из самых характерных, типических родовых отличий всех графов Листомировых.

Наружность графа дополнялась чертами его худощавого бледного лица, с носом, несколько сдвинутым на сторону, и большими дугообразными бровями, усиленно как-то подымавшимися на лбу, странно уходившем между сплюснутыми боками головы, большею частью склоненной набок.

Совершенно несправедливо говорили, будто граф тоскует от бездействия, от недостатка случая выказать свои способности. Случаи эти представлялись чуть ли еще не в то время, когда ему минуло девятнадцать лет и дядя-посланник открыл перед ним дипломатическую карьеру. В жизни графа случаи блестящей карьеры искусно были расставлены, как версты по шоссейной дороге; - ничего только из этого не вышло.

На первых порах граф принимался как бы действовать и даже много говорил; но тут же нежданно умолкал и удалялся, очевидно чем-то неудовлетворенный. Мысли ли его были не поняты как следует или действия не оценены по справедливости,- только он переходил от одного счастливого случая к другому, не сделав себе в конце концов, что называется, карьеры,- если не считать, конечно, нескольких звезд на груди и видного придворного чина.

Несправедливо было также мнение, что граф, всегда тоскующий и молчаливый в свете, был дома крайне взыскательный и даже деспот.

Граф был только аккуратен. Прирожденное это свойство доходило, правда, до педантизма, но, в сущности, было самого невинного характера, Граф требовал, чтобы каждая вещь в доме оставалась неприкосновенною на том месте, где была однажды положена; каждый мельчайший предмет имел свой определенный пункт. Если, например, мундштучок для пахитос, уложенный на столе параллельно с карандашом, отодвигался в сторону, граф тотчас же замечал это, и начинались расспросы; кто переставил? зачем? почему? и т. д.

Целый день ходил он по дому, задумчиво убирая то один предмет, то другой; время от времени прикасался он к электрическому звонку и, подозвав камердинера, молча указывал ему на те места, где, казалось ему, встречался беспорядок. Деспотом граф также не мог быть по той простой причине, что дома молчал столько же, сколько в свете. Даже в деловых семейных разговорах с женою он чаще всего ограничивался тремя словами: "Tu penses? Tu crois? Quelle idee!.." - и только.

С высоты своих длинных ног и тощего длинного туловища граф постоянно смотрел тусклыми глазами в какой-то далекий туманный горизонт и время от времени вздыхал, усиленно подымая на лбу то одну бровь, то другую, Меланхолия не покидала графа даже в тех случаях, когда главный управляющий над конторой вручал ему в конце каждого месяца значительные денежные суммы. Граф внимательно сосчитывал деньги, нетерпеливо всегда переворачивал бумажку, когда номер был кверху или книзу и не подходил с другими, запирал пачку в ящик, прятал ключ в карман и, приблизившись к окну, пощипывая усики, произносил всегда с грустью: "Ох-хо-хо-хо-хо!!" - после чего начинал снова расхаживать по дому, задумчиво убирая все, что казалось ему лежащим неправильно.

Граф редко высказывался даже в тех случаях, когда дело касалось важных принципов и убеждений, всосанных, так сказать, с молоком. Не допуская, например, возможности быть за обедом иначе, как во фраке и белом галстуке, даже когда оставался вдвоем с женою,- и находя это необходимым потому, что это... это всегда поддерживает - именно поддерживает...- но что поддерживает,- это граф никогда не досказывал.

- Tu crois? Tu penses? Quelle idee!.. Этими словами, произносимыми не то вопросительно, не то с пренебрежением, оканчивались обыкновенно все объяснения с женою и тетей Соней. После этого он отходил к окну, глядел в туманную даль и выпускал из груди несколько вздохов,- из чего жена и тетя Соня с огорченным чувством заключали всегда, что граф не был согласен с их мнением.

Тогда обыкновенно наступала очередь тети Сони утешать сестру - когда-то весьма красивую, веселую женщину, но теперь убитую горем после потери четверых детей и страшно истощенную частыми родами, как вообще бывает с женами меланхоликов.

На больших булевских часах столовой пробило двенадцать.

С последним ударом граф придвинулся к столу, хотел как будто что-то сказать, но остановился, вздохнул и тоскливо приподнял сначала одну бровь, потом другую.

- Отчего же детей нет? - торопливо спросила графиня, поглядывая на мужа, потом на тетю Соню,- мисс Блике знает, что граф любит, чтобы дети всегда завтракали ровно в двенадцать часов; скажите мисс Блике, что завтрак давно готов! - обратилась она к буфетчику.

Но в эту самую минуту один из лакеев растворил настежь двери, и дети, сопровождаемые англичанкой и швейцаркой, вошли в столовую.

Завтрак прошел, по обыкновению, очень чинно.

Расслабленные нервы графини не выносили шума. Граф вообще не любил, чтобы дети бросались на шею, громко играли и говорили; сильные изъявления каких бы то ни было чувств пробуждали в нем всегда неприятное ощущение внутреннего стеснения и неловкости.

На этот раз по крайней мере граф мог быть довольным. Зизи и Паф, предупрежденные Верочкой, не произнесли слова; Верочка не спускала глаз с сестры и брата; она заботливо предупреждала каждое их движение.

С окончанием завтрака мисс Блике сочла своею обязанностью заявить графине, что никогда еще не видала она, чтобы дети вели себя так примерно, как в эти последние дни. Графиня возразила, что она уже слышала об этом от сестры и потому распорядилась, приказав взять к вечеру ложу в цирке. ,

При этом известии Верочка, так долго крепившаяся, не могла больше владеть собою. Соскочив со стула, она принялась обнимать графиню с такою силой, что на секунду совершенно заслонила ее лицо своими пушистыми волосами; таким же порядком подбежала она к отцу, который тотчас же выпрямился и из предосторожности поспешил отвести левую руку, державшую мундштук с пахитоской. От отца Верочка перебежала к тете Соне, и тут уже пошли поцелуи без разбору, и в глаза, в щеки, в подбородок, в нос - словом, всюду, где только губы девочки могли встретиться с лицом тетки. Зизи и Паф буквально проделали тот же маневр, но только, надо сказать,- далеко не с таким воодушевлением.

Верочка между тем подошла к роялю, на котором лежали афишки; положив руку на одну из них, она обратила к матери голубые глаза свои и, вся замирая от нетерпения, проговорила нежно вопрошающим голосом:

- Мама... можно?.. Можно взять эту афишку?..

- Можно.

- Зизи! Паф! - восторженно крикнула Верочка, потрясая афишкой,- пойдемте скорее!.. Я расскажу вам все, что мы сегодня увидим в цирке: все расскажу вам!.. Пойдемте в наши комнаты!..

- Верочка!.. Верочка! - слабо, с укором, проговорила графиня.

Но Верочка уже не слышала; она неслась, преследуемая сестрою и братом, за которыми, пыхтя и отдуваясь, едва поспевала мисс Блике.

В игральной комнате, освещенной полным солнцем, стало еще оживленнее.

На низеньком столе, освобожденном от игрушек, разложена была афишка.

Верочка настоятельно потребовала, чтобы все присутствующие: и тетя Соня, и мисс Блике, и учительница музыки, и кормилица, вошедшая с младенцем,- все решительно уселись вокруг стола. Несравненно труднее было усадить Зизи и Пафа, которые, толкая друг друга, нетерпеливо осаждали Верочку то с одного боку, то с другого, взбирались на табуреты, ложились на стол и влезали локтями чуть не на середину афишки. Наконец с помощью тети и это уладилось.

Откинув назад пепельные свои волосы, вытянув шею и положив ладони на края афишки, Верочка торжественно приступила к чтению.

- Милая моя,- тихо произнесла тетя Соня,- зачем же ты читаешь нам, в каком цирке, в какой день, какого числа; все это мы уже знаем; читай лучше дальше: в чем будет заключаться представленье.

- Нет уж, душечка тетя; нет уж, ты только не мешай мне,- убедительно и с необыкновенною живостью перебила Верочка,- ангельчик тетя, не мешай!.. Уж я все прочту... все, все... что тут напечатано... Ну, слушайте:

- "Парфорсное упражнение на неоседланной лошади. Исполнит девица..." Тетя, что такое парфорсное?

- Это... это... Вероятно, что-нибудь очень интересное... Сегодня сами увидите! - сказала тетя, стараясь выйти из затруднения.

- Ну, хорошо, хорошо... Теперь все слушайте; дальше вот что: "Эквилибристические упражнения на воздушной трапеции..."

- Это, тетя, что же такое трапеция?.. Как это будет? - спросила Верочка, отрываясь от афишки.

- Как будет? - нетерпеливо подхватила Зизи.

- Как? - произнес в свою очередь Паф, посматривая на тетю киргизскими глазками.

- Зачем же я буду все это вам рассказывать! Не лучше ли будет, когда сами вы увидите...

Затруднение тети возрастало; она даже несколько покраснела.

Верочка снова откинула назад волосы, наклонилась к афишке и прочла с особенным жаром:

- "Гуттаперчевый мальчик. Воздушные упражнения на конце шеста вышиною в шесть аршин!!." Нет, душечка тетя, это уж ты нам расскажешь!., это уж расскажешь!.. Какой же это мальчик? Он настоящий? живой?.. Что такое: гуттаперчевый?

- Вероятно, его так называют потому, что он очень гибкий... наконец, вы это увидите...

- Нет, нет, расскажи теперь, расскажи, как это он будет делать на воздухе и на шесте?.. Как это он будет делать?..

- Как будет он делать? - подхватила Зизи.

- Делать? - коротко осведомился Паф, открывая рот.

- Деточки, вы у меня спрашиваете слишком уж много... Я, право, ничего не могу вам объяснить. Сегодня вечером все это будет перед вашими глазами. Верочка, ты бы продолжала; ну, что ж дальше?..

Но дальнейшее чтение не сопровождалось уже такою живостью; интерес заметно ослаб; он весь сосредоточивался теперь на гуттаперчевом мальчике; гуттаперчевый мальчик сделался предметом разговоров, различных предположений и даже спора.

Зизи и Паф не хотели даже слушать продолжение того, что было дальше на афишке; они оставили свои табуреты и принялись шумно играть, представляя, как будет действовать гуттаперчевый мальчик. Паф снова становился на четвереньки, подымал, как клоун, левую ногу и, усиленно пригибая язык к щеке, посматривал на всех своими киргизскими глазками - что всякий раз вызывало восклицание у тети Сони, боявшейся, чтоб кровь не бросилась ему в голову.

Торопливо дочитав афишку, Верочка присоединилась к сестре и брату.

Никогда еще не было так весело в игральной комнате.

Солнце, склоняясь к крышам соседних флигелей за садом, освещало группу играющих детей, освещало их радостные, веселые, раскрасневшиеся лица, играло на разбросанных повсюду пестрых игрушках, скользило по мягкому ковру, наполняло всю комнату мягким, теплым светом. Все, казалось, здесь радовалось и ликовало.

Тетя Соня долго не могла оторваться от своего места. Склонив голову на ладонь, она молча, не делая уже никаких замечаний, смотрела на детей, и кроткая, хотя задумчивая улыбка не покидала ее доброго лица. Давно уже оставила она мечты о себе самой: давно примирилась с неудачами жизни. И прежние мечты свои, и ум, и сердце - все это

У отдала она детям, так весело играющим в этой комнате, и счастлива она была их безмятежным счастьем...

Вдруг показалось ей, как будто в комнате стемнело. Обернувшись к окну, она увидела, что небо заслонилось большой серой тучей и мимо окон полетели пушистые снежные хлопья. Не прошло минуты, из-за снега ничего уже нельзя было видеть; метель ходила по всему саду, скрывая ближайшие деревья.

Первое чувство тети Сони - было опасение, чтобы погода не помешала исполнить обещания, данного детям. Такое же чувство, вероятно, овладело и Верочкой, потому что она мгновенно подбежала к тете и, пристально поглядывая ей в глаза, спросила:

- Это ничего, тетя?.. Мы в цирк поедем?..

- Ну, конечно... конечно! - поспешила успокоить тетя, целуя Верочку в голову и обращая глаза к Зизи и Пафу, которые вдруг перестали играть.

Но уже с этой минуты в миловидных чертах Верочки явно стало проступать больше внутреннего беспокойства, чем беззаботной веселости. Она поминутно заглядывала в окно, переходила из комнаты в другую, расспрашивая у каждого входившего о том, долго ли может продолжаться такая метель и может ли быть, чтобы она не утихла во весь вечер. Каждый раз, как тетя Соня выходила из детских комнат и спустя несколько времени возвращалась назад, она всегда встречалась с голубыми глазами племянницы; глаза эти пытливо, беспокойно допрашивали и как бы говорили ей: "Ты, тетя, ты ничего, я знаю; а вот что там будет, что папа и мама говорят..."

Худенькая Зизи и неповоротливый Паф были гораздо доверчивее: они также высказывали беспокойство, но оно было совсем другого рода. Перебегая от одних часов к другим и часто влезая на стулья, чтобы лучше видеть, они поминутно приставали к тете и мисс Блике, упрашивая их показать им, сколько времени на их собственных часах. Каждый входивший встречаем был тем же вопросом:

- Который час?

- Пятый в начале.

- А скоро будет семь?

- Скоро: подождите немножко.

Детский обед прошел в расспросах о том, какая погода и который час.

Тетя Соня напрасно употребляла все усилия, чтобы дать мыслям детей другое направление и внести сколько-нибудь спокойствия, Зизи и Паф хотя и волновались, но еще верили; что ж касается Верочки,- известие о том, что метель все еще продолжается, заметно усиливало ее беспокойство. По голосу тетки, по выражению ее лица она ясно видела, что было что-то такое, чего тетя не хотела высказывать.

Все эти тревожные сомнения мигом, однако ж, рассеялись, когда тетя, исчезнувшая снова на четверть часа, возвратилась на детскую половину; с сияющим лицом объявила она, что граф и графиня велели одевать детей и везти их в цирк.

Вихрем все поднялось и завозилось в знакомой нам комнате, освещенной теперь лампами. Пришлось стращать, что оставят дома тех, кто не будет слушаться и не даст себя как следует закутать.

- Пойдемте теперь; надо проститься с папа и мама,- проговорила тетя, взяв за руку Верочку и пропуская вперед Зизи и Пафа.

Мисс Блике и учительница музыки закрывали шествие.

Церемония прощанья не была продолжительна.

Вскоре детей вывели на парадную лестницу, снова внимательно осмотрели и прикутали и, наконец, выпустили на подъезд, перед которым стояла четырехместная карета, полузанесенная снегом. Лакей величественного вида, с галунами на шляпе и на ливрее, с бакенами а l'anglaise, побелевшими от снега, поспешил отворить дверцы. Но главная роль в данном случае предоставлена была, впрочем, старому, седому швейцару; он должен был брать детей на руки и передавать их сидевшим в карете трем дамам; и надо сказать, он исполнил такую обязанность не только с замечательной осторожностью, но даже выразил при этом трогательное чувство умиленного благоговения.

Дверцы кареты захлопнулись, лакей вскочил на козлы, карета тронулась и тут же почти исчезла посреди метели.

# VI

Представление в цирке еще не начиналось. Но на масленице любят веселиться, и потому цирк, особенно в верхних ярусах, был набит посетителями. Изящная публика, по обыкновению, запаздывала. Чаще и чаще, однако, у главного входа показывались господа в пальто и шубах, офицеры и целые семейства с детьми, родственниками и гувернантками. Все эти люди при входе с улицы в ярко освещенную залу начинали в первую минуту мигать и прищуриваться, потом оправлялись, проходили - кто направо, кто налево вдоль барьера, и занимали свои места в бенуарах и креслах.

Оркестр гремел в то же время всеми своими трубами. Многие, бравшие билеты у кассы, суетились, думая уже, что началось представление. Но круглая арена, залитая светом с боков и сверху, гладко выглаженная граблями, была еще пуста.

Вскоре бенуары над ковровым обводом барьера представили почти сплошную пеструю массу разнообразной публики. Яркие туалеты местами били в глаза. Но главную часть зрителей на первом плане составляли дети. Точно цветник рассыпался вокруг барьера.

Между ними всех милее была все-таки Верочка!

Голубая атласная стёганая шляпка, обшитая лебяжьим пухом, необыкновенно шла к ее нежно-розовому лицу с ямочками на щеках и пепельным волосам, ниспадавшим до плеч, прикрытых такою же стеганой голубой мантильей. Стараясь сидеть перед публикой спокойно, как большая, она не могла; однако ж, утерпеть, чтобы не наклоняться и не нашептывать что-то Зизи и Пафу и не посматривать веселыми глазами на тетю Соню, сидевшую позади, рядом с величественной мисс Блике и швейцаркой.

Зизи была одета точь-в-точь как сестра, но подле нее она как-то пропадала и делалась менее заметной; к тому же при входе в цирк ей вдруг представилось, что будут стрелять, и, несмотря на увещания тети, она сохраняла на лице что-то кислое и вытянутое.

Один Паф, можно сказать, был невозмутим; он оглядывал цирк своими киргизскими глазками и раздувал губы. Недаром какой-то шутник, указывая на него соседям, назвал его тамбовским помещиком.

Неожиданно оркестр заиграл учащенным темпом. Занавес у входа в конюшню раздвинулся и пропустил человек двадцать; одетых в красные ливреи, обшитые галуном; все они были в ботфортах, волосы на их головах были круто завиты и лоснились от помады.

Сверху донизу цирка прошел одобрительный говор.

Представление началось.

Ливрейный персонал цирка не успел вытянуться, по обыкновению, в два ряда, как уже со стороны конюшен послышался пронзительный писк и хохот, и целая ватага клоунов, кувыркаясь, падая на руки и взлетая на воздух, выбежала на арену.

Впереди всех был клоун с большими, бабочками на груди и на спине камзола. Зрители узнали в нем тотчас же любимца Эдвардса.

- Браво, Эдвардс! Браво! Браво! - раздалось со всех сторон.

Но Эдвардс на этот раз обманул ожидания. Он не сделал никакой особенной шутки: кувыркнувшись раз-другой через голову и пройдясь вокруг арены, балансируя павлиньим пером на носу, он быстро скрылся. Сколько потом ему ни хлопали и ни вызывали его, он не являлся.

На смену ему поспешно была выведена толстая белая лошадь и выбежала, грациозно приседая во все стороны, пятнадцатилетняя девица Амалия, которая чуть не убилась утром, во время представления.

На этот раз все прошло, однако ж, благополучно.

Девицу Амалию сменил жонглер; за жонглером вышел клоун с учеными собаками; после них танцевали на проволоке; выводили лошадь высшей школы, скакали на одной лошади без седла, на двух лошадях с седлами,- словом, представление шло своим чередом до наступления антракта.

- Душечка тетя, теперь будет гуттаперчевый мальчик, да? - спросила Верочка.

- Да; в афише сказано: он во втором отделении... Ну что, как? Весело ли вам, деточки?

- Ах, очень, очень, весело!.. О-че-нь! - восторженно воскликнула Верочка, но тут же остановилась, встретив взгляд мисс Блике, которая укоризненно покачала головою и принялась поправлять ей мантилью.

- Ну, а тебе, Зизи?.. тебе, Паф,- весело ли?..

- А стрелять будут? - спросила Зизи.

- Нет, успокойся; сказано: не будут!

От Пафа ничего нельзя было добиться; с первых минут антракта все внимание его было поглощено лотком с лакомствами и яблоками, появившимся на руках разносчика.

Оркестр снова заиграл, снова выступили в два ряда красные ливреи. Началось второе отделение.

- Когда же будет гуттаперчевый мальчик? - не переставали спрашивать дети каждый раз, как один выход сменял другой,- когда же он будет?..

- А вот, сейчас...

И действительно. Под звуки веселого вальса портьера раздвинулась, и показалась рослая фигура акробата Беккера, державшего за руку худенького белокурого мальчика.

Оба были обтянуты в трико телесного цвета, обсыпанное блестками. За ними два прислужника вынесли длинный золоченый шест, с железным перехватом на одном конце. За барьером, который тотчас же захлопнулся со стороны входа, сгруппировались, по обыкновению, красные ливреи и часть циркового персонала. В числе последнего мелькало набеленное лицо клоуна с красными пятнами на щеках и большою бабочкою на груди.

Выйдя на середину арены, Беккер и мальчик раскланялись на все стороны,- после чего Беккер приставил правую руку к спине мальчика и перекувырнул его три раза в воздухе. Но это было, так сказать, только вступление.

Раскланявшись вторично, Беккер поднял шест, поставил его перпендикулярно, укрепил толстый его конец к золотому поясу, обхватывавшему живот, и начал приводить в равновесие другой конец с железным перехватом, едва мелькавшим под куполом цирка.

Приведя таким образом шест в должное равновесие, акробат шепнул несколько слов мальчику, который влез ему сначала на плечи, потом обхватил шест тонкими руками и ногами и стал постепенно подыматься кверху.

Каждое движение мальчика приводило в колебание шест и передавалось Беккеру, продолжавшему балансировать, переступая с одной ноги на другую.

118

Громкое "браво!" раздалось в зале, когда мальчик достиг, наконец, верхушки шеста и послал оттуда поцелуй.

Снова все смолкло, кроме оркестра, продолжавшего играть вальс.

Мальчик между тем, придерживаясь к железной перекладине, вытянулся на руках и тихо-тихо начал выгибаться назад, стараясь пропустить ноги между головою и перекладиной; на минуту можно было видеть только его свесившиеся назад белокурые волосы и усиленно сложенную грудь, усыпанную блестками.

Шест колебался из стороны в сторону, и видно было, каких трудов стоило Беккеру продолжать держать его в равновесии.

- Браво!.. Браво!..- раздалось снова в зале.

- Довольно! довольно!!.- послышалось в двух-трех местах.

Но крики и аплодисменты наполнили весь цирк, когда мальчик снова показался сидящим на перекладине и послал оттуда поцелуй.

Беккер, не спускавший глаз с мальчика, шепнул снова что-то. Мальчик немедленно перешел к другому упражнению. Придерживаясь на руках, он начал осторожно спускать ноги и ложиться на спину. Теперь предстояла самая трудная штука: следовало сначала лечь на спину, уладиться на перекладине таким образом, чтобы привести ноги в равновесие с головою и потом вдруг неожиданно сползти на спине назад и повиснуть в воздухе, придерживаясь только на подколенках.

Все шло, однако ж, благополучно. Шест, правда, сильно колебался, но гуттаперчевый мальчик был уже на половине дороги; он заметно перегибался все ниже и ниже и начинал скользить на спине.

- Довольно! Довольно! Не надо! - настойчиво прокричало несколько голосов.

Мальчик продолжал скользить на спине и тихо-тихо спускался вниз головою...

Внезапно что-то сверкнуло и завертелось, сверкая в воздухе; в ту же секунду послышался глухой звук чего-то упавшего на арену.

В один миг все заволновалось в зале. Часть публики поднялась с мест и зашумела; раздались крики и женский визг; послышались голоса, раздраженно призывавшие доктора. На арене также происходила сумятица; прислуга и клоуны стремительно перескакивали через барьер и тесно обступали Беккера, который вдруг скрылся между ними. Несколько человек подхватили что-то и, пригибаясь, спешно стали выносить к портьере, закрывавшей вход в конюшню.

На арене остался только длинный золоченый шест с железной перекладиной на одном конце.

Оркестр, замолкнувший на минуту, снова вдруг заиграл по данному знаку; на арену выбежало, взвизгивая и кувыркаясь, несколько клоунов;

но на них уже не обращали внимания. Публика отовсюду теснилась к выходу.

Несмотря на всеобщую суету, многим бросилась в глаза хорошенькая белокурая девочка в голубой шляпке и мантилье; обвивая руками шею дамы в черном платье и истерически рыдая, она не переставала кричать во весь голос: "Ай, мальчик! мальчик!!"

Положение тети Сони было очень затруднительно. С одной стороны, сама она была крайне взволнована; с другой - надо было успокаивать истерически рыдавшую девочку, с третьей - надо было торопить мисс Блике и швейцарку, копавшихся с Зизи и Пафом, наконец, самой надо было одеться и отыскать лакея.

Все это, однако ж, уладилось, и все благополучно достигли кареты.

Расчеты тети Сони на действие свежего воздуха, на перемещение в карету нисколько не оправдались; затруднения только возросли. Верочка, лежа на ее коленях, продолжала, правда, рыдать, по-прежнему вскрикивая поминутно: "Ай, мальчик! мальчик!!" - но Зизи стала жаловаться на судорогу в ноге, а Паф плакал, не закрывая рта, валился на всех и говорил, что ему спать хочется... Первым делом тети, как только приехали домой, было раздеть скорее детей и уложить их в постель. Но этим испытания ее не кончились.

Выходя из детской, она встретилась с сестрой и графом.

- Ну что? Как? Как дети? - спросили граф и графиня.

В эту самую минуту из спальни послышалось рыданье, и голос Верочки снова прокричал: "Ай, мальчик! мальчик!.."

- Что такое? - тревожно спросил граф. Тетя Соня должна была рассказать обо всем случившемся.

- Ah, mon Dieu! - воскликнула графиня, мгновенно ослабевая и опускаясь в ближайшее кресло.

Граф выпрямился и начал ходить по комнате.

- Я это знал!.. Вы всегда так! Всегда!! - проговорил он, передвигая бровями не то с видом раздражения, не то тоскливо,- всегда так! Всегда выдумают какие-то... цирк; гм!! очень нужно! quelle idee!! Какой-то там негодяй сорвался... (граф, видимо, был взволнован, потому что никогда, по принципу, не употреблял резких, вульгарных выражений),- сорвался какой-то негодяй и упал... какое зрелище для детей!!. Гм!! наши дети особенно так нервны, Верочка так впечатлительна... Она теперь целую ночь спать не будет.

- Не послать ли за доктором? - робко спросила графиня.

- Tu crois? Tu penses? Quelle idee! - подхватил граф, пожимая плечами и продолжая отмеривать пол длинными своими ногами...

Не без труда успокоив сестру и графа, тетя Соня вернулась в детскую.

120

Там уже наступила тишина.

Часа два спустя, однако ж, когда в доме все огни были погашены и все окончательно угомонилось, тетя Соня накинула на плечи кофту, зажгла свечку и снова прошла в детскую. Едва переводя дух, бережно ступая на цыпочках, приблизилась она к кровати Верочки и подняла кисейный полог.

Разбросав по подушке пепельные свои волосы, подложив ладонь под раскрасневшуюся щечку, Верочка спала; но сон ее не был покоен. Грудь подымалась неровно под тонкой рубашкой, полураскрытые губки судорожно шевелились, а на щеке, лоснившейся от недавних слез, одна слезинка еще оставалась и тихо скользила в углу рта.

Тетя Соня умиленно перекрестила ее; сама потом перекрестилась под кофтой, закрыла полог и тихими, неслышными шагами вышла из детской...

# VII

Ну... А там? Там в конце Караванной...

Там, где ночью здание цирка чернеет всей своей массой и теперь едва виднеется из-за падающего снега,- там что?..

Там также все темно и тихо.

Во внутреннем коридоре только слабым светом горит ночник, прицепленный к стене под обручами, обтянутыми бумажными цветами. Он освещает на полу тюфяк, который расстилается для акробатов, когда они прыгают с высоты: на тюфяке лежит ребенок с переломленными ребрами и разбитою грудью...

Ночник освещает его с головы до ног; он весь обвязан и забинтован; на голове его также повязка; из-под нее смотрят белки полузакрытых, потухающих глаз.

Вокруг: направо, налево, под потолком - все окутано непроницаемою темнотою и все тихо.

Изредка раздается звук копыт из конюшни или доходит из отдаленного чулана беспокойное взвизгивание одной из ученых собак, которой утром во время представления придавили ногу.

Время от времени слышатся также человеческие шаги... Они приближаются... Из мрака выступает человек с лысой головою, с лицом, выбеленным мелом, бровями, перпендикулярно выведенными на лбу, и красными кружками на щеках: накинутое на плечи пальто позволяет рассмотреть большую бабочку с блестками, нашитую на груди камзола; он подходит к мальчику, нагибается к его лицу, прислушивается, всматривается...

Но клоун Эдвардс, очевидно, не в нормальном состоянии. Он не в силах выдержать до воскресенья обещания, данного режиссеру, не в силах бороться против тоски, им овладевшей, его настойчиво опять тянет в уборную, к столу, где едва виднеется почти опорожненный графин водки. Он выпрямляется, потряхивает головою и отходит от мальчика нетвердыми шагами. Облик его постепенно затушевывается окружающею темнотою, пропадает, наконец, вовсе,- и снова все вокруг охватывается мраком и тишиною...

На следующее утро афишка цирка не возвещала упражнений "гуттаперчевого мальчика". Имя его и потом не упоминалось; да и нельзя было: гуттаперчевого мальчика уже не было на свете.

# СПИСОК

www.ingramcontent.com/pod-product-compliance
Lightning Source LLC
Chambersburg PA
CBHW020703260626
47157CB00008B/3120